세계 명작 동화와 함께하는

초등
문해력
독서법

세계 명작 동화와 함께하는
초등 문해력 독서법

초판 1쇄 발행일 2022년 8월 10일
초판 2쇄 발행일 2022년 10월 5일

지은이 전병규

발행인 윤호권
사업총괄 정유한

편집 이지혜(김정희) **디자인** 김영중 **마케팅** 박병국
발행처 ㈜시공사 **주소** 서울시 성동구 상원1길 22, 6–8층 (04779)
대표전화 02-3486-6877 **팩스(주문)** 02-585-1247
홈페이지 www.sigongsa.com / www.sigongjunior.com

ⓒ 전병규, 2022

이 책은 《우리 아이 문해력 독서법》의 별책으로 어린이용 실전 학습서입니다.

*시공사는 시공간을 넘는 무한한 콘텐츠 세상을 만듭니다.
*시공사는 더 나은 내일을 함께 만들 여러분의 소중한 의견을 기다립니다.
*잘못 만들어진 책은 구입하신 곳에서 바꾸어 드립니다.

세 가지 이야기 속으로 떠나는 신나는 문해력 여행

세계 명작 동화와 함께하는

초등
문해력
독서법

전병규(콩나물쌤)
지음

시공주니어

문해력 독서법이
무엇인가요?

세상에는 참 많은 책이 있습니다. 재미있는 이야기책도 있고 가볍게 읽을 수 있는 학습 만화도 있지요. 그리고 이 책처럼 무언가에 대한 지식을 알려 주는 지식 책도 있어요. 이중에서 여러분은 어떤 책을 좋아하나요? 이 책을 집어든 걸 보니 지식 책을 좋아하는 것 같기도 하네요. 맞나요?

여러분은 책을 읽고 내용을 잘 이해하나요? 책을 읽고 이해하는 힘은 사람마다 다르거든요. 어떤 사람은 책 내용을 잘 이해하지만 어떤 사람은 그렇지 않아요. 이처럼 책을 읽고 내용을 이해하는 힘을 문해력이라고 해요. 문해력이 뭐라고요? 맞아요. 책을 읽고 이해하는 힘이에요. 어려운 책을 읽고도 내용을 잘 이해하면 문해력이 좋은 겁니다. 반대로 쉬운 책도 잘 이해하지 못한다면 문해력이 좋지 않은 거고요. 여러분의 문해력은 어떤가요? 좋은가요? 아니면 나쁜가요?

이 책은 여러분의 문해력을 높이는 방법에 대해 말하고 있어요. 이 책을 읽고 나면 여러분의 문해력이 훌쩍 자라서 더 어려운 책도 읽을 수 있게 될 거예요. 그런데 문해력은 어떻게 키울까요? 바로 문해력 독서법을 통해 키울 수 있어요. 문해력 독서법이란 문해력을 기를 수 있는 독서 방법을 말해요. 이 책에서 알려 주는 독서법으로 책을 읽으면 여러분의 문해력은 쑥쑥 커질 거예요.

독서법이 정확하게 뭐냐고요? 독서법은 '독서 방법'의 줄임말로 책을 읽는 여러 가지 방법을 뜻해요. 책을 읽는 데 다양한 방법이 있다는 사실이 놀랍지 않나요? 대부분 친구들은 글을 읽을 때 그냥 읽어요. 왼쪽에서 오른쪽으로 가다가 끝이 나면 한 줄 내려가지요. 이게 틀린 것은 아니에요. 누구나 그렇게 읽어요. 하지만 책의 내용을 잘 이해하려면 이것 외에 다른 방법도 함께 써야 해요.

이제부터 우리는 책의 내용을 꼼꼼하고 자세히 살펴보는 독서법에 대해 알아볼 거예요. 우리 조상들은 절구에 쌀과 같은 곡물을 넣고 빻아서 고운 가루로 만들었습니다. 그처럼 책의 내용을 여러분 머릿속에서 잘게 빻아 이해하기 쉽게 만드는 겁니다. 그냥 별 생각 없이 글을 읽어 나가던 습관을 버리고 내용에 대해 곰곰이 생각해 보는 정독 습관을 가지면 문해력이 쑥쑥 커질 거예요.

그러려면 책을 조금 더 천천히 읽어야 해요. 이해를 못한 상태로 그냥 계속 읽어 나가던 습관을 버려야 해요. 무조건 글을 읽지만 말고 필요할 때는 멈춰서 생각하고 다시 읽어야 하지요. 어려운 부분은 곰곰이 생각해 내가 이해할 수 있게 만들어야 해요.

문해력 독서법을 통해 여러분의 문해력이 올라가면 많은 것이 변하게 됩니다. 여러분은 훨씬 더 많은 책을 훨씬 더 재미있게 읽을 수 있게 될 거예요. 또 학교에서 선생님 말씀도 쉽게 이해되고 교과서도 더욱 잘 이해할 수 있을 겁니다. 그러면 학교 성적도 오르겠지요. 너무 기대되지 않나요? 책도 더 잘 이해되고 성적도 오른다니! 자 그럼 이제 나의 문해력을 기르기 위한 독서법 여행을 함께 떠나 볼까요?

문해력 길러 주는 콩나물쌤

차례

들어가는 말_ 문해력 독서법이 무엇인가요? … 5

1부 마틸다

1. 사건을 파악하라 · 한 번 더 익혀 봐요 … 12

2. 어휘를 짐작하라 · 한 번 더 익혀 봐요 … 20

3. 내 삶에 적용하라 · 한 번 더 익혀 봐요 … 28

4. 플롯을 파악하라 · 한 번 더 익혀 봐요 … 36

함께 읽기 … 46

2부 찰리와 초콜릿 공장

1. 인물을 이해하라 · 한 번 더 익혀 봐요 ··· 50

2. 표현을 이해하라 · 한 번 더 익혀 봐요 ··· 60

3. 마음껏 상상하라 · 한 번 더 익혀 봐요 ··· 68

4. 주제를 발견하라 · 한 번 더 익혀 봐요 ··· 78

함께 읽기 ··· 86

3부 샬롯의 거미줄

1. 배경을 이해하라 · 한 번 더 익혀 봐요 ··· 90

2. 어휘를 비교 분석하라 · 한 번 더 익혀 봐요 ··· 100

3. 이야기를 분석하라 · 한 번 더 익혀 봐요 ··· 106

함께 읽기 ··· 116

예시 답안 ··· 118

1부
마틸다

1부에서는 《마틸다》라는 소설을 함께 읽으면서 사건을 파악하고 모르는 단어의 뜻을 짐작해 볼 거예요. 또 이야기가 내 생활과 어떻게 연결되는지도 생각해 보고 플롯도 파악해 볼게요. 플롯이 뭐냐고요? 쉽고 친절하게 설명해 줄테니 걱정 말고 따라오세요.

사건을 파악하라 ─────

어휘를 짐작하라 ─────

내 삶에 적용하라 ─────

플롯을 파악하라 ─────

1.

사건을 파악하라

사람들은 이야기책을 왜 읽을까요? 모르겠다고요? 그럼 여러분은 왜 이야기책을 읽나요? 재미있기 때문 아닌가요? 맞아요. 사람들이 이야기책을 읽는 이유는 바로 재미있기 때문이에요. 그렇다면 이야기는 왜 재미있을까요? 바로 사건 때문입니다. 우리가 직접 겪지 못한 혹은 겪을 수 없는 흥미진진한 사건들이 우리를 이야기로 끌어들이지요. 9와 4분의 3 승강장으로 들어가 마법 학교에 도착하는 이야기. 그곳에서 영원한 생명을 보장하는 신비한 돌을 부모님의 원수로부터 지키려는 마법사의 이야기는 전 세계 아이들의 마음을 빼앗았습니다.

이야기에서 벌어지는 중요한 일들을 사건이라고 합니다. 이야기를 읽는 가장 큰 이유는 사건이 흥미롭기 때문입니다. 그러니 이야기를 읽을 때는 사건을 잘 파악하는 것이 중요하지요. 어떤 사건이 벌어져서 어떻게 진행되어 가는지를 정확히 파악할 수 있어야 합니다. 그러면 이야기가 재미있고 독서에 흥미가 생깁니다.

사건을 잘 파악하기 위해서는 어떻게 해야 할까요? 이야기에서 일어난 일이나 묘사를 구체적으로 살펴봐야 하는데 특히 핵심적인 부분을 찾는 것이 중요합니다. 로알드 달의 《마틸다》에 나오는 다음 장면을 한 번 살펴볼까요?

> 마틸다는 한 손에는 모자를 들고 다른 손에는 초강력 접착제가 든 튜브를 들고는, 모자의 안쪽 테두리에 접착제를 짜 발랐다. 그러고 나서 지팡이를 이용하여 조심스럽게 모자를 못에 다시 걸어 놓았다. 마틸다는 아빠가 식탁에서 아침 식사를 마치고 일어나는 때에 접착제가 알맞게 굳도록 시간을 잘 맞추는 작전을 펼쳤다.
>
> _《마틸다》37~39쪽 중

이 장면에서는 무슨 일이 있었나요? 위 문단은 총 3개의 문장으로 이루어지는데 다음 중에서 가장 핵심적인 묘사를 하나 골라 보세요.

❶ 마틸다는 한 손에는 모자를 들고 다른 손에는 초강력 접착제가 든 튜브를 들고는, 모자의 안쪽 테두리에 접착제를 짜 발랐다.

❷ 그러고 나서 지팡이를 이용하여 조심스럽게 모자를 못에 다시 걸어 놓았다.

❸ 마틸다는 아빠가 식탁에서 아침 식사를 마치고 일어나는 때에 접착제가 알맞게 굳도록 시간을 잘 맞추는 작전을 펼쳤다.

위 세 문장 중 무엇이 가장 핵심적인 내용인가요? 정답은 1번입니다. 모자를 못에 다시 걸어 놓은 까닭은 모자의 안쪽 테두리에 접착제를 짜 발랐기 때문이고, 접착제가 알맞게 굳도록 시간을 잘 맞추는 작전을 펼친 것 역시 모자의 안쪽 테두리에 접착제를 짜 바른 행동의 일부입니다.

그런데 첫 번째 문장이 꽤나 길군요. 이 문장을 줄여 볼까요? 1번 문장은 세 개로 나눌 수 있습니다.

❶ 마틸다는 한 손에는 모자를 들고

❷ 다른 손에는 초강력 접착제가 든 튜브를 들고는

❸ 모자의 안쪽 테두리에 접착제를 짜 발랐다.

이중 무엇이 가장 중요한 행동인가요? 정답은 3번입니다. 한 손에 모자를 들고, 다른 손에 튜브를 든 까닭은 모두 모자의 안쪽 테두리에 접착제를 짜 바르기 위함이지요. 그래서 이 문단의 핵심 사건은 바로 마틸다가 모자의 안쪽 테두리에 접착제를 짜 발랐다입니다. 모자에 접착제를 바른 일이 한 손에 모자를 들거나 모자를 못에 다시 걸어놓거나 알맞게 굳도록 시간을 맞추는 일보다 더 중요합니다.

그런데 마틸다는 왜 아빠의 모자 테두리 안에 접착제를 발랐을까요? 그것도 아빠가 모자를 쓸 시간에 알맞게 굳도록 시간까지 맞추는 작전을 쓰면서요. 그리고 이로 인해 어떤 사건이 벌어질까요? 참 궁금하네요. 그 내용은 직접 책으로 읽어 보세요. 친구들이 정말 좋아하는 부분이거든요.

이처럼 이야기를 읽어 나갈 때는 가장 중요한 핵심 사건을 계속 찾아보아야 합니다. 중요하지 않은 이야기와 핵심 사건을 받쳐 주는 주변 사건들 속에서 말이지요. 그럼 하나 더 해 볼까요?

그 순간 물컵이 흔들렸다. 진짜로 아주 조금 뒤로 기울었다가 다시 제자리로 돌아왔다. 마틸다는 눈에서 뻗어 나오는 수백만 개의 보이지 않는 손을 이용해서 물컵을 계속 밀었다. 눈 정중앙에 있는 까만 점에서부터 짜르르 발사되는 힘을 느끼면서.

마틸다가 다시 속삭였다.

"넘어뜨려! 넘어뜨려!"

물컵이 다시 기우뚱했다. 마틸다는 눈에서 더 많은 힘을 내뿜으며 더욱 세게 밀었다. 그러자 아주 천천히, 무슨 일이 일어나는지 알아채지 못할 만큼 천천히 물컵이 뒤로 기울기 시작했다. 점점 더, 점점 더, 뒤로 기울더니 물컵 밑바닥의 한쪽 가장 자리로만 균형을 잡을 때까지 기울어졌다. 그리고 몇 초 동안 비틀거리다가 마침내 쨍그랑하며 교탁 위에 쓰러졌다.

_《마틸다》217~218쪽 중

앞의 내용에서 핵심 사건은 무엇인가요? 물컵이 넘어졌다? 비슷하긴 한데 충분하지 않아 보여요. 왜냐하면 단순히 물컵이 넘어진 게 아니거든요. 물컵이 넘어진 이유는 마틸다가 눈에 힘을 주어 물컵을 넘어뜨렸기 때문이에요. 누군가 실수로 물컵을 넘어뜨렸다면 놀랄 일이 아니겠지요. 그런 것은 늘 있을 수 있는 일이기 때문에 말하지 않아도 괜찮을 수 있어요. 하지만 눈에서 힘을 내뿜어 물컵을 넘어뜨리는 것은 매우 놀라운 일이에요. 무척 중요한 사건이지요. 이처럼 매우 놀랍거나 새롭거나 이야기 진행에 중요한 부분을 빠뜨리면 안 돼요. 그래서 이 내용의 핵심 사건은 마틸다가 눈에서 힘을 내뿜어 물컵을 넘어뜨렸다가 되겠어요.

이야기를 읽을 때 사건을 잘 이해하고 정리하기 위해서는 읽는 내내 머릿속으로 이런 생각을 해야 해요. 한 문단을 읽을 때마다 "음, 이런 일이 있었군" 하고 정리하세요. 한 페이지를 읽을 때마다 "음, 이런 일이 있었군" 하고 정리하고요. 한 챕터를 읽을 때마다 역시 "음, 이런 일이 있었군" 하고 정리하세요. 한 문단, 한 페이지, 한 챕터를 읽을 때마다 핵심 사건이 무엇인지 생각하고 정리하며 읽는 습관을 들이세요. 계속 연습하고 습관을 들이다 보면 한 페이지, 한 챕터, 한 권 전체에서 핵심 사건을 찾는 일이 점점 쉬워질 거예요.

이른 아침 욕실에서, 마틸다는 아빠의 '보랏빛 헤어 토닉' 병뚜껑을 열고 그 용액의 4분의 3을 하수구에 비웠다. 그런 다음 그 병에 엄마의 '초강력 백금색 머리 염색약'을 다시 채웠다. 마틸다는 그 병을 조심스레 흔들어 내용물이 보라색으로 보일 때까지 잘 섞었다. 그러고 나서 그 병들을 제자리에 다시 갖다 놓았다. 모든 게 문제없이 진행되었다.

_《마틸다》 75~76쪽 중

초강력 접착제 사건에 이어 마틸다는 또 다른 사건을 계획하는군요. 이번에는 또 무슨 일이 벌어질까요? 핵심 사건을 스스로 찾아보세요.

사건을 파악하는 방법
❶ 가장 중요한 사건을 찾는다.
❷ 뒤에 일어날 일에 큰 영향을 주는 사건을 찾는다.

2.

어휘를 짐작하라

글에는 수많은 단어가 담겨 있어요. 글은 단어와 단어가 모여서 이루어지니까요. 지금 앞에 쓴 두 문장만 해도 10개의 단어로 이루어져 있네요. 그리고 6개가 추가되었고, 지금 문장에서 8개가 또 추가되었어요. 겨우 네 문장으로 24개의 단어가 나왔는데 책 한 권에는 얼마나 많은 단어가 있을까요?

여기서 퀴즈!! 《마틸다》는 몇 개의 단어로 이루어져 있을까요? 5천 개? 1만 개? 땡! 약 2만 8,354개의 단어랍니다. 《찰리와 초콜릿 공장》은 약 2만 1,977개, 《샬롯의 거미줄》은 약 2만 3,597개의 단어로 이루어졌답니다.

여러분은 《마틸다》에 나오는 단어의 뜻을 모두 알고 있을까요? 아마 그렇지 않을 거예요. 사람마다 다르겠지만 학생이라면 누구나 수십 개 이상 모르는 단어가 나올 거예요. 이야기 속에 모르는 단어가 많으면 많을수록 이해하기 힘들어집니다. 그럼 책을 이해하기 위해 단어 공부를 먼저 해야 하는 걸까요? 그렇게 생각하기 쉽지만 그건 좋은 방법이 아니에요. 책을 읽기 위해 단어 공부를 별도로 하는 것은 노력에 비해 효과가 크지 않아요. 모든 단어를 완전히 공부하고 책을 읽으려고 하면 평생 책을 한 권도 읽지 못할 거예요. 왜냐하면 사전에 올라간 단어는 42만 개가 넘거든요. 세상에 존재하는 모든 단어를 아는 사람은 세상에 존재하지 않아요.

> "그냥 사람들이 매우 아둔하다고 생각하고 있었어."
> "'아둔하다'는 게 무슨 뜻인데?"
> 샬롯이 말했다.
> "속이기 쉽다는 말이지."
> "그것참, 고마운 일이네."
>
> _《샬롯의 거미줄》98쪽 중

《샬롯의 거미줄》은 아둔하다처럼 어린이들이 잘 모를 만한 단어를 설명하고 있어요. 이 외에도 정착성, 겸허한 등의 단어를 직접 설명해 주기 때문에 새로운 단어를 배울 수 있지요. 하지만 이렇게 친절한 책은 드물어요. 대개는 단어를 사용할 뿐 그것이 무엇을 뜻하는지는 별도로 말하지 않아요.

그러면 모르는 단어가 있을 때는 어떻게 해야 하는 걸까요? 가장 좋은 방법은 읽으면서 모르는 단어를 그때그때 짐작하는 겁니다. 이야기는 사건이 있고 흐름이 있어서 모르는 단어를 만나도 얼마든지 추측할 수 있어요. 앞뒤 상황만 잘 보면 말이에요.

> 엄마 아빠 들은 못 말리는 사람들이다. 자기 아이가 상상할 수 없을 만큼 지독한 말썽꾸러기라 해도, 부모들은 여전히 자기 아이가 훌륭하다고 생각한다.
> 더 심한 부모들도 있다. 그 부모들은 자기 아이를 지나치게 숭배하여 눈이 먼 나머지, 자기 아이한테 천재적 자질이 있다고 억지로라도 믿으려고 애쓰는 사람들이다.
>
> _《마틸다》7쪽 중_

여기서 숭배는 무엇을 뜻할까요? 모르는 단어의 뜻을 짐작하기 위해서는 그 단어가 사용된 문장과 문장의 앞뒤를 자세히 살펴봐야 해요. 어떤 부모들은 자기 아이를 지나치게 숭배한다고 합니다. 그 부모들은 자기 아이를 천재라고 억지로 믿으려고 한다고 하네요. 천재가 아닌 아이를 천재라고 믿으면서 숭배한다는 거군요. 그리고 앞의 문장을 볼까요? 보통 부모들은 지독한 말썽꾸러기라도 자기 아이가 훌륭하다고 생각한다고 합니다. 그런데 아이를 숭배하는 부모들은 더 심하다고 하네요. 그렇다면 훌륭하다고 생각하는 것 이상이군요.

대충 느낌이 오나요? 자, 이번에는 비슷한 단어를 한 번 넣어 보세요. '숭배' 대신에 어떤 단어를 넣으면 말이 될 것 같나요? '떠받들다'는 어떤가요? 그 부모들은 자기 아이를 지나치게 떠받들어 눈이 먼 나머지, 자기 아이한테 천재적 자질이 있다고 억지로라도 믿으려고 애쓰는 사람들이다. 말이 자연스럽고 뜻도 변하지 않네요.

이번에는 사전을 한 번 찾아볼게요. 숭배를 검색하니 '우러러 공경함'이라는 뜻이라고 하네요. 아까 짐작했던 '떠받들다'와 비슷하지요? 사전을 찾고 싶으면 찾아도 좋고 이야기의 흐름을 끊고 싶지 않다면 그냥 지나가도 괜찮아요. 사전을 찾아보면 더 정확하게 알게 될 것이고 쭉 읽어 나간다면 책의 재미를 더 느끼게 될 거예요. 어느 쪽이든 좋답니다. 정확하게 모르는 채로 넘어가도 되냐고요? 어차피 숭배라는 단어는 다른 책에서 다음에 또 만나게 될 거예요. 한 번에 정확하게 알게 되는 것이 아니고, 다음에 또 보고 그다음에 또 보면서 점점 자세하게 알게 돼요. 원래 단어는 그렇게 익히는 거예요.

"왜냐하면 우리는 불가사의한 힘을 다루어야 하니까. 우리가 전혀 알지 못하는 신비한 힘 말이야. 나는 그 힘이 나쁜 힘이라고 보지 않아. 아마 좋은 걸 거야. 신성한 힘일지도 모르지, 그게 무엇이든 간에 조심해서 다루자꾸나."

_《마틸다》234쪽 중

여기서 불가사의의 뜻은 무엇일까요? 글자가 왠지 불가사리를 떠올리게 하는데 관련이 있을까요? 좋은 추측이지만 내용이 바다나 생물과 관련이 없군요. 맞춤법은 비슷하지만 별로 상관은 없어 보입니다. 이처럼 맞춤법은 비슷해도 뜻은 전혀 상관없는 경우가 많아요. 심지어 '배' '눈' '말'처럼 하나의 글자가 여러 의미를 지니는 경우도 있잖아요? 그러니 글자를 봤을 때 무언가가 떠오른다면 앞뒤를 잘 살펴 따져 봐야 해요.

불가사의의 뜻은 매우 직접적으로 설명이 되어 있네요. 바로 다음 문장을 보세요. "우리가 전혀 알지 못하는 신비한 힘 말이야." 그럼 '불가사의'가 '우리가 전혀 알지 못하는 신비한 힘'을 뜻할까요? 그건 아니에요. '우리가 전혀 알지 못하는 신비한 힘'은 '불가사의'가 아니라 '불가사의한 힘'과 같은 거예요. 따라서 불가사의는 '우리가 전혀 알지 못하는 신비한 힘'이 아니라 우리가 전혀 알지 못하는 것이 되는 겁니다.

"일단, 너는 자신을 추스르도록 노력해야 해. 내가 바라는 건 네가 잠을 푹 자고 걱정을 하지 않는 거야. 조금도 조급해하지 말고 조금도 염려하지 마! 음식은 템플턴에게 줘야 하는 것만 남기고 꼭꼭 씹어서 다 먹도록 해. 몸무게를 늘리고 편하게 있어야 해. 그것이 네가 도울 수 있는 길이야. 건강하게 지내고 기죽지 마. 알아들었니?"

_《샬롯의 거미줄》93쪽 중

여기서 '추스르도록'은 무엇을 뜻할까요? 다음 방법을 참고해서 여러분이 직접 한 번 그 뜻을 짐작해 보세요.

단어의 뜻을 짐작하는 방법
❶ 단어를 천천히 읽어 보며 떠오르는 비슷한 단어가 있는지 찾아본다.
❷ 앞뒤 상황을 통해 어떤 뜻일지 생각해 본다.
❸ 대신 넣어 볼 수 있는 단어를 찾아본다.
❹ 그렇게 찾은 단어를 넣어 본 뒤 자연스러운지 생각해 본다.

*118쪽에서 예시 답안을 확인할 수 있어요.

3.

내 삶에 적용하라

이야기는 재미와 감동을 위해 지어낸 허구예요. 위인전처럼 실제 있었던 일을 바탕으로 쓰여진 경우도 있지만 대개는 상상의 결과물이지요. 그래서 아홉 살 아이가 말 한 마리를 번쩍 들어 올릴 수 있고 나무 인형이 살아나 사람처럼 말을 하기도 하지요. 이렇게 현실에서 절대로 있을 수 없는 일들이 이야기 안에서 벌어지기는 하지만 이야기는 우리 삶을 반영해요. 거울이 빛을 반사하듯이 이야기가 우리 삶의 모습을 비추어 보여 준다는 뜻이에요. 이야기 속 인물들도 우리처럼 어리석은 행동을 한 뒤 반성하기도 하고 힘든 일을 겪지만 이를 이겨내기도 하지요.

그래서 이야기를 읽을 때는 우리가 살아가는 현실과 비교하고 연결하고 적용하며 읽으면 좋아요. 어디까지가 현실에서 있을

법한 이야기이고 어디서부터는 결코 일어날 수 없는 상상인지요. 그리고 현실에 있을 법한 부분은 그것이 우리 삶과 실제로 어떻게 연결되는지 생각해 보아야 해요. 이를 통해 우리는 교훈을 얻고 더 현명한 사람으로 거듭날 수 있어요.

교장은 어맨다에게 돌진해서 오른손으로 어맨다의 땋은 머리를 잡고 달랑 들어 올렸다. 그리고 어맨다를 머리 위에서 더 빨리, 더 빨리 빙빙 돌리기 시작했다. 속도가 점점 빨라지자 어맨다는 공포에 질려 "사람 살려!" 하고 비명을 질렀고, 교장은 고함을 질러 댔다.

(중략)

교장은 빙빙 돌리고 있는 아이의 몸무게를 지탱하느라 몸을 뒤쪽으로 기울이고는 노련하게 자신의 발가락을 축으로 하여 빙글빙글 돌았다. 어맨다의 몸은 너무 빨리 돌아서 형체가 희미하게 보였다. 갑자기 끙 하는 어마어마한 포효와 함께 교장이 땋은 머리를 놓아 버리자, 어맨다는 로켓처럼 운동장 둘레의 철조망 울타리를 넘어서 하늘 높이 날아갔다.

_《마틸다》 149쪽 중

트런치불 교장은 어맨다의 땋은 머리가 마음에 들지 않았어요. 그래서 투포환을 하듯 어맨다의 땋은 머리를 잡고 빙글빙글 돌려 학교 담 넘어 집어던져 버리지요. 어때요? 현실에서 가능한 일일까요? 우선 사람이 다른 사람을 저렇게 멀리까지 던지는 것이 불가능하겠지요? 또 교장 선생님이 학생을 저렇게 대했다가는 바로 감옥에 갇히게 될 거예요. 또 아무리 교장 선생님이라고 해도 학생의 머리 모양에 대해 너무 심하게 간섭할 수는 없어요.

작가는 왜 이렇게 비현실적인 장면을 썼을까요? 비현실적이지만 이런 장면이 우리에게 말해 주는 것이 있기 때문이에요. 이 장면은 무엇을 말해 줄까요? 바로 어른들의 지나친 권위와 아이에 대한 사랑의 부족에 대해서 말해 줍니다. 아이들이 바르게 성장하기 위해 어른들의 말씀을 잘 따라야 하는 것은 사실이지만 심할 때가 있어요. 옳고 그른 것을 가르치는 것이 아니라 단지 어른 자신의 취향을 아이에게 강요하는 것처럼 말이지요. 그래서 작가 로알드 달은 머리 모양이 마음에 들지 않는다는 이유로 교장이 학생을 집어던지는 것처럼 과장된 설정을 통해 이런 생각을 표현하고 있어요. 이처럼 이야기는 비현실적인 사건 속에 현실을 담고 있는 경우가 많아요.

마틸다의 아빠 웜우드 씨는 중고차 사업가입니다. 그런데 그는 늘 사기를 칩니다. 고장 나기 직전의 차를 사들여 사람들의 눈을 속인 후 비싼 값에 팔지요. 변속기 안에는 기름 묻은 톱밥을 넣고, 주행거리는 바꾸죠. 이렇게 하면 잠깐은 문제가 없는 듯 보이지만 머지않아 고장 나게 됩니다. 하지만 웜우드 씨는 아랑곳하지 않고 헌 차를 새 차처럼 보이게 만들어 비싼 가격에 팔아요.

"나는 늘 어떤 바보가 기어를 망가뜨릴 대로 망가뜨린 털털거리는 차를 기꺼이 사들이지. 원래 가격보다 훨씬 싸게 말이야. 그런 다음 변속기 안에 기름 묻은 톱밥을 잔뜩 섞는 거야. 그러면 그 차는 입에 넣은 설탕처럼 잘 굴러가지."

마틸다가 물었다.

"그 차가 다시 덜덜거릴 때까지 얼마나 더 굴러갈까요?"

웜우드 씨가 씩 웃으며 말했다.

"손님이 항의하러 오기 귀찮을 정도까지 멀리 가지. 한 160킬로미터 정도?"

"하지만 그건 정직한 일이 아니잖아요, 아빠. 그건 남을 속이는 일이에요."

"정직해서 부자가 되는 사람은 없어. 손님은 속이라고 있는
거야."

_《마틸다》 27~28쪽 중

웜우드 씨의 행동에 대해 마틸다는 그건 정직하지 못한 일이
라고 말하고, 웜우드 씨는 이렇게 대답합니다. "정직해서 부자
가 되는 사람은 없어. 손님은 속이라고 있는 거야." 여러분은 어
떻게 생각하나요? 정직하지 않은 행동은 해서는 안 된다고 생
각하나요? 아니면 손님은 속이라고 있는 것이며 부자가 되려면
거짓말을 잘해야 한다고 생각하나요?

세상에는 마틸다 같은 사람이 있는가 하면 웜우드 씨 같은 사
람도 있습니다. 여러분은 살아가면서 이 두 부류의 사람을 모두
만나게 될 거예요. 사실은 여러분 역시 마틸다 같은 사람일 수
도 있고 웜우드 씨 같은 사람일 수도 있지요. 무엇이 옳고 그른
지에 대해서는 설명하지 않을게요. 일곱 살 아이들도 다 아는
문제니까요.

"사람들이 너희 아버지 가게로 훔친 차를 가지고 와서 팔았
어. 너희 아버지는 차량 번호판을 바꾸고 차를 다른 색깔로

칠했지. 그밖에도 여러 가지를 바꾸고 말이야. 그런데 누군가가 너희 아버지를 고발해서 경찰이 모든 사실을 알게 됐나 봐. 그래서 너희 아버지는 경찰을 피해 스페인으로 도망가려는 거야."

_《마틸다》305쪽 중

모든 행동에는 결과가 따른다는 사실을 알아야 해요. 내가 나쁜 행동을 했으면 그로 인해 어떤 일들은 반드시 일어나요. 지금 당장은 아니라도 시간이 지나면 꼭 책임을 지게 된다는 현실을 《마틸다》는 보여 주고 있어요. 이야기를 읽을 때는 이야기를 현실과 비교하면서 읽으세요. 현실에 적용되는 점은 무엇이고 우리는 무엇을 배울 수 있는지요. 그러면 여러분은 이야기를 통해 실제 현실에서 더 현명하게 사는 방법을 알게 될 거예요.

"3번 차는 111파운드에 사서 999파운드하고도 50펜스에 팔았다."

"다시 한번 불러 주세요. 얼마에 팔았다고요?"

"999파운드 50펜스. 이건 손님들을 속여 먹는, 나의 또 다른 멋들어진 작은 속임수인데 말이다. 절대로 잔돈 없는 가격을 매기면 안 된다. 항상 그 약간 아래로 불러야 해. 절대로 1000파운드라고 하면 안 되고, 999파운드 50펜스라고 해야 한다는 말이다. 이 말은 훨씬 싸게 들리지만 사실은 그렇지 않거든. 기막힌 생각이지, 안 그러냐?"

_《마틸다》66~67쪽 중

웜우드 씨는 자동차를 잘 팔기 위해 또 다른 방법을 씁니다. 아주 작은 가격을 깎아 주어 훨씬 더 싸게 보이도록 하는 방법이죠. 1,000파운드에 팔 물건이라면 999파운드 50펜스에 파는 식이지요. 혹시 이런 장면을 본 적이 있나요? 다음 방법을 이용해 위 이야기를 내 삶에 적용해 보세요.

이야기를 내 삶에 적용하는 방법
❶ 실제로 경험했던 비슷한 일을 떠올려 본다.
❷ 이야기가 현실에서 가능할지 생각해 본다.
❸ 나라면 어떻게 할지 생각해 본다.
❹ 이야기에서 배울 수 있는 점을 생각해 본다.

*118쪽에서 예시 답안을 확인할 수 있어요.

4.
플롯을 파악하라

산에 올라 본 적이 있나요? 구불구불한 길을 따라 올라가다 보면 정상에 도착해요. 정상에 도착하면 다시 조심조심 평지로 내려오게 되지요. 이야기도 산과 비슷해요. 구불구불한 사건을 따라 올라가다 보면 정상에 도착하고 조심조심 이야기의 끝으로 내려오게 되지요. 앞에서 우리는 《마틸다》를 이용해 사건을 정리해 봤어요. 이때는 사건들을 앞에서 뒤로 순서대로 정리했었지요. 이를 이야기의 줄거리라고 해요. 이번에는 줄거리에 높낮이를 더해 볼 거예요. 앞에서 뒤로 가면서 점점 높아지다가 마지막에 다시 내려오게 되지요. 이를 이야기의 플롯이라고 합니다.

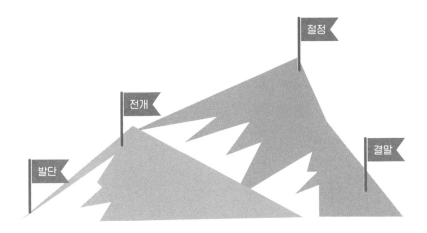

　플롯은 네 단계로 이루어집니다. 발단-전개-절정-결말로 말이에요. 발단은 배경과 인물이 소개되는 이야기의 평지입니다. 전개는 여러 사건들이 벌어지는 이야기의 중턱입니다. 절정은 사건과 인물들 간의 갈등이 가장 커지는 이야기의 꼭대기입니다. 결말은 사건이 정리되는 이야기의 내리막입니다. 플롯을 파악할 때는 앞에서부터 차례대로 찾기보다는 뒤에서부터 거꾸로 찾으면 쉬워요. 발단-전개-절정-결말 순으로 찾는 것이 아니라 결말-절정-전개-발단 순으로 찾으라는 말입니다. 앞에서부터 차례대로 찾다 보면 중요한 부분을 빠트리는 등 헷갈리기 쉽거든요.

자, 그럼 《마틸다》의 플롯을 찾아볼까요? 결말은 모든 사건이 해결되는 이야기의 마지막입니다. 《마틸다》에서는 어떻게 갈등이 해결되고 이야기가 끝을 맺을까요?

그날 오후, 기절 상태에서 깨어난 교장이 새하얗게 질린 얼굴로 굴 껍데기처럼 입을 앙다문 채 학교 밖으로 걸어 나갔다는 소문이 퍼지기 시작했다.

다음 날 아침 교장은 학교에 나타나지 않았다. 점심시간에 교감인 트릴비 선생님은 혹시 트런치불 교장이 어디 아픈가 하고 집에 안부 전화를 걸었으나 아무도 받지 않았다.

_《마틸다》294쪽 중

마틸다가 소리쳤다.

"떠난대요! 모두 미쳤나 봐요. 가방을 싸면서 30분 안에 스페인으로 떠난대요!"

하니 선생님이 물었다.

"누가?"

"엄마 아빠랑 오빠가요. 그리고 저도 함께 가야 한대요!"

(중략)

"사람들이 너희 아버지 가게로 훔친 차를 가지고 와서 팔았어. 너희 아버지는 차량 번호판을 바꾸고 차를 다른 색깔로 칠했지. 그 밖에도 여러 가지를 바꾸고 말이야. 그런데 누군가가 너희 아버지를 고발해서 경찰이 모든 사실을 알게 됐나 봐. 그래서 너희 아버지는 경찰을 피해 스페인으로 도망가려는 거야."

_《마틸다》303~305쪽 중

마틸다를 괴롭히던 트런치불 교장도 마틸다의 부모도 모두 마을을 떠나게 되었습니다. 이로써 모든 사건이 해결되었어요. 아! 마틸다도 부모와 함께 가야 하지 않느냐고요? 마틸다는 부모와 함께 떠날까요, 아니면 떠나지 않을까요? 떠난다면 문제가 해결된 걸까요? 떠나지 않는다면 어떻게 해서 떠나지 않게 되었을까요? 그 부분은 직접 책을 읽으면서 찾아보세요.

이제 결말을 불러온 절정을 찾아보겠습니다. 《마틸다》에서 모든 문제가 해결되는 데 가장 중요한 사건은 무엇인가요? 교장 선생님이 학교를 떠나 숨어 버리게 만든 사건은 무엇인가요?

나이절이 계속 비명을 질렀다.

"뭔가를 쓰고 있어! 분필이 저절로 무언가를 쓰고 있어!"

믿을 수 없는 일이었지만, 그것은 사실이었다.

"대체 이게 무슨 일이야?"

보이지 않는 손이 쓰고 있는 자기 이름을 보고 교장은 부들부들 떨었다.

(중략)

거기 있는 사람들 모두가 교장의 목구멍에서 나오는 헐떡이는 소리를 들을 수 있었다. 교장이 소리쳤다.

"아니야! 그럴 수가 없어! 매그너스일 리가 없어!"

_《마틸다》286~287쪽 중

바로 이 장면입니다. 분필 하나가 혼자 움직여 칠판에 글씨를 씁니다. 교장 선생님은 충격에 기절을 하고 다음 날부터 학교에 나오지 않습니다. 왜 다른 아이들은 모두 괜찮은데 그 강인한 교장 선생님이 기절했냐고요? 지은 죄가 많았기 때문이지요. 혼자서 움직이는 분필이 무엇이라고 써서 교장 선생님을 기절시켰는지도 책에서 직접 찾아보세요. 어쨌든 이로써 마틸다와 아이들과 하니 선생님을 괴롭히던 모든 문제의 원인이 사라지게 되었습니다.

　절정을 찾았다면 다음으로는 전개를 찾습니다. 전개는 절정의 앞 단계로, 여러 사건이 벌어지는 부분입니다. 여러분이 기억하는 대부분의 사건들이 전개에 해당합니다. 여러분은 《마틸다》에서 어떤 사건이 기억나나요? 마틸다의 아빠가 마틸다를 괴롭히는 이야기, 마틸다가 접착제와 앵무새로 아빠에게 복수하는 이야기, 트런치불 교장이 어맨다의 땋은 머리가 마음에 들지 않는다고 던져 버린 이야기, 브루스가 커다란 케이크 한 판을 다 먹어 버린 이야기. 이 이야기들이 모두 전개에 해당합니다. 전개는 발단과 미묘하게 섞여 있어 칼로 자르듯이 분명하게 자를 수 없어요. 예를 들어 이야기 시작부에 나오는 초강력 접착제 소동과 유령 소동은 전개라고 할 수도 있고 발단이라고 할 수도 있어요.

　이번에는 발단을 찾아볼까요? 발단은 인물과 배경을 소개하는 이야기의 시작이라고 하였습니다. 마틸다가 어떤 아이인지 마틸다가 어떤 상황에 처해 있는지 알 수 있는 장면은 무엇일까요?

"너 정확히 몇 살이지?"

"네 살하고 석 달요."

펠프스 여사는 아까보다 더 놀랐지만, 내색하지 않았다.

"그럼, 다음에는 어떤 책을 읽고 싶니?"

"저는 어른들이 읽는 훌륭한 책을 읽고 싶어요. 유명한 거로
요. 하지만 아는 책이 하나도 없어요."

_《마틸다》15쪽 중

"아니요, 우리 엄마는 매일 오후에 빙고 게임을 하러 에일즈
베리로 가세요. 엄마는 제가 여기 오는지 몰라요."

"그건 옳지 못한 일이야. 엄마한테 말씀드리는 게 좋겠어."

"그러지 않는 편이 나아요. 엄마는 제가 책 읽는 걸 안 좋아
하세요. 그건 아빠도 마찬가지예요."

"그럼 너의 부모님은 네가 매일 오후 빈집에서 뭘 하길 원하
시니?"

"그냥 이리저리 뒹굴거나 텔레비전 보는 거요."

"그렇구나."

마틸다가 약간 슬픈 기색을 비치며 말했다.

"엄마는 제가 뭘 하든 전혀 신경을 쓰지 않아요."

_《마틸다》19~20쪽 중

그 후 6개월 동안, 펠프스 여사의 주의 깊고도 자애로운 배려 속에서 마틸다는 다음과 같은 책들을 읽었다.

《니콜라스 니클비》찰스 디킨스 지음

《올리버 트위스트》찰스 디킨스 지음

《제인 에어》샬롯 브론테 지음

(중략)

어마어마한 작품 목록이었기 때문에 펠프스 여사는 매우 놀랐고 흥분했다.

그래도 완전히 자제력을 잃지 않은 것은 잘한 일이었다.

이 작은 아이가 이룩한 놀라운 업적을 목격한 사람이라면 누구든 야단법석을 떨며 동네방네 소문을 내고 싶어 안달이 났을 테지만, 펠프스 여사는 그렇지 않았다.

_《마틸다》20~21쪽 중

이 세 가지 장면에서 우리는 무엇을 알 수 있나요? 먼저 마틸다는 매우 어린 아이인데 책을 좋아해요. 게다가 어른들이 읽는 어려운 책을 읽을 수 있는 놀라운 아이입니다. 하지만 마틸다의 부모는 마틸다가 책 읽는 것을 싫어합니다. 그냥 게으르게 텔레비전이나 보고 있기를 원하지요. 게다가 마틸다에게 관심도 없고요. 마틸다의 부모는 마틸다를 사랑하지도 않고 부모로서 자격도 없어 보이는군요. 우리는 이런 장면을 통해 마틸다가 어떤 인물이고 어떤 상황에 놓여 있는지 알 수 있습니다.

이제 이야기의 플롯을 이해했나요? 그럼 《찰리와 초콜릿 공장》을 읽고 발단-전개-절정-결말을 직접 찾아보세요. 물론 《샬롯의 거미줄》이나 다른 이야기의 플롯을 찾아보아도 좋아요. 결말부터 시작해 절정, 전개, 발단의 순으로 거꾸로 찾는 것 잊지 마세요.

플롯을 찾는 방법
❶ 사건이 모두 해결된 결말을 찾는다.
❷ 결말을 불러온 절정을 찾는다.
❸ 전개의 여러 사건들을 찾는다.
❹ 인물과 배경을 소개하는 발단을 찾는다.

----

*118쪽에서 예시 답안을 확인할 수 있어요.

《마틸다》
로알드 달 글 | 퀸틴 블레이크 그림
김난령 옮김 | 시공주니어 | 2018

로알드 달이 1988년 발표한 동화입니다. 아주 어려서 스스
로 글 읽는 방법을 익혔을 만큼 똑똑한 마틸다. 하지만 마틸
다를 미워하는 사람이 있습니다. 바로 중고차 사기 판매로 부
자가 된 마틸다의 아빠 웜우드 씨와 시도 때도 없이 아이들을
괴롭히는 트런치불 교장이죠. 하지만 마틸다도 호락호락 당
하고만 있지는 않습니다. 천재 소녀 마틸다는 어떤 기발한 방
법으로 이 문제들을 헤쳐 나갈까요?

《내 이름은 삐삐 롱스타킹》
아스트리드 린드그렌 글
잉리드 방 니만 그림
햇살과나무꾼 옮김
시공주니어 | 2017

스웨덴의 동화작가 아스트리드 린드그렌이 1945년 발표한 작품입니다. 바람에 날려 바닷속으로 사라진 아빠를 기다리며 삐삐는 혼자 살고 있습니다. 그럼에도 불구하고 삐삐는 밝고 명랑하며 심지어 말 한 마리를 혼자 들 수 있을 정도로 힘이 세요. 삐삐의 옆집에는 착하고 얌전한 토미와 아니카가 살고 있었어요. 말괄량이 삐삐와 착하고 얌전한 토미와 아니카는 함께 어떤 일들을 겪게 될까요?

《몽실 언니》
권정생 글 | 이철수 그림
창비 | 2012

우리나라의 권정생 선생님이 1984년 발표한 작품이에요. 6·25전쟁이 터지자 몽실이의 아빠는 전쟁터로 끌려가게 됩니다. 그 와중에 새엄마인 북촌댁은 아이를 낳고 그만 죽어 버립니다. 몽실이는 이곳저곳을 떠돌며 동생 난남이를 힘들게 키웁니다. 이렇게 힘든 상황에서 몽실이는 어떻게 살아가게 될까요?

2부
찰리와 초콜릿 공장

2부에서는 《찰리와 초콜릿 공장》을 읽으면서
소설 속 인물을 이해하고 앞뒤 내용을 토대로
마음껏 상상해 볼 거예요. 또 '비유적 표현'과
'감각적 표현'도 살펴보고 이야기에서 작가가
하고자 했던 말도 함께 찾아볼게요. 준비되었
으면 출발해 볼까요?

인물을 이해하라 ────────

표현을 이해하라 ────────

마음껏 상상하라 ────────

주제를 발견하라 ────────

1.

인물을 이해하라

이야기에는 항상 등장인물이 있어요. 들판에 바람이 부는 것만으로는 이야기가 진행되지 않으니까요. 만약 바람 부는 것이 중요한 내용이라면 바람이 등장인물이 되지요. 이처럼 인물이라고 해서 꼭 사람만을 의미하지는 않아요. 동물이 등장인물이 되는 경우도 흔하지요. 《샬롯의 거미줄》은 샬롯이라는 거미와 윌버라는 돼지가 주인공이에요. 이야기는 사건으로 이루어지고 사건은 인물에 의해 일어나요. 인물이 어떤 특징을 띠고 어떤 생각, 말, 행동을 하는지에 따라 사건은 전혀 다른 방향으로 흘러가지요. 그래서 인물을 잘 파악하는 것은 이야기를 이해하는 데 매우 중요합니다.

이야기를 읽을 때 인물의 이름이 나오면 좀 더 주의를 기울여 보세요. 새로운 인물이 나올 때마다 계속 새로운 이름이 나오는데 이름을 제대로 기억해 두지 못하면 이야기를 제대로 이해하기 어려우니까요. 특히 외국 작가가 쓴 작품은 이름이 어려운 경우가 많아요.

나이가 매우 지긋한 이 두 노인은 버켓 씨의 부모님이다. 할아버지 이름은 조이고 할머니 이름은 조세핀이다.

이 위쪽에 있는 매우 늙은 노인 두 분은 버켓 부인의 부모님이다. 할아버지 이름은 조지이고, 할머니 이름은 조지아나이다.

아래쪽이 버켓 씨다. 버켓 씨 옆에는 버켓 부인이다. 이 부부에게는 찰리 버켓이라는 어린 아들이 있다.

이 꼬마가 바로 찰리다.

_《찰리와 초콜릿 공장》 7~9쪽 중

《찰리와 초콜릿 공장》은 인물 소개로 이야기가 시작돼요. 이 짧은 글에 벌써 7명이 나오네요. 이들은 모두 가족이니 가계도를 한 번 그려 볼까요?

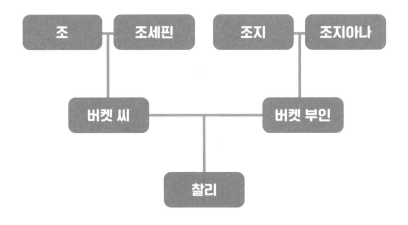

　이야기에 인물이 많이 나온다면 백지에 사람들의 이름을 쓰면서 관계를 표시하면 좋아요. 아니면 형광펜으로 표시를 해 두어도 좋고요. 그나저나 찰리 조부모님의 이름은 재미있게도 모두 첫 글자가 '조'로 시작하는군요. 조, 조세핀, 조지, 조지아나. 세상에 얼마나 많은 이름이 있는데 모두 '조'로 시작할까요? 우연일 리는 없고 재미있으라고 일부러 이렇게 지었을 것으로 보이네요. 혹시 찰리의 조부모님이라서 '조'로 시작하는 거 아니냐고요? 그럴듯한 이야기네요. 하지만 조부모님의 조는 한자어이고 이 이름은 모두 영어이니 그럴 리는 없어요. 주인공 찰리는 어떤 아이일까요? 찰리를 이해하려면 이야기의 여러 상황을 고려해야 해요.

그러고는 어깨를 으쓱하고 초콜릿을 집어 들어 엄마에게 내밀면서 말했다.

"엄마도 조금 드세요. 우리 다 같이 나눠 먹어요. 조금씩 맛이라도 보셔야지요."

_《찰리와 초콜릿 공장》 48쪽 중

찰리가 초콜릿을 엄마에게 나누어 주는 장면이에요. 뭐, 그럴 수 있죠. 누구나 먹을 것이 있으면 가족과 나누어 먹으니까요. 그런데 조금 더 자세히 상황을 들여다보면 생각이 좀 달라집니다.

세어 보면 알겠지만 버켓 씨 가족은 어른 여섯에 꼬마 찰리인데, 대도시 변두리에 있는 허름한 판잣집에서 함께 산다. 하지만 이만한 대가족이 함께 살기에는 턱없이 좁아서 불편하기 짝이 없다. 방이 두 개뿐인 집에 살림이라야 침대 하나가 전부다.

_《찰리와 초콜릿 공장》 9쪽 중

1년에 딱 한 번이지만 찰리도 초콜릿을 맛보는 날이 있었다. 바로 생일이었다. 온 식구가 이 특별한 날을 위해 한 푼

두 푼 돈을 모았다. 그 중요한 날에 찰리는 혼자 다 먹어 버려도 되는 자그마한 초콜릿을 선물로 받았다.

_《찰리와 초콜릿 공장》12~13쪽 중

이 부분을 읽고 나면 찰리가 엄마에게 나누어 준 것은 단순히 초콜릿 한 쪽이 아니라는 걸 알 수 있어요. 찰리 가족은 너무나 가난해서 찰리에게 초콜릿을 하나 사 주기 위해 1년 동안 돈을 모아야 했어요. 그렇게 힘들게 모은 돈으로 아주 작은 초콜릿을 하나 사 준 거죠. 그런데 찰리는 1년에 딱 한 번 자기 생일에만 겨우 먹을 수 있는 아주 작은 초콜릿을 엄마에게 나누어 주려고 한 거예요. 이를 통해 우리는 찰리가 정말 마음씨가 고운 아이라는 걸 알 수 있어요. 그리고 다음 장면을 통해 우리는 찰리가 얼마나 착한 아이인지 한 번 더 확인할 수 있지요.

"저 아이만은 제대로 먹여야 하는데, 우리 늙은이들이야 신경 쓸 게 뭐 있나. 하지만 찰리는 한창 자라는 아이잖아! 애가 얼마나 야위었는지 해골같이 변했다고."
조세핀 할머니도 찰리가 가엾어서 혼잣말처럼 넋두리를 늘어놓았다.

"우리가 어떻게 할 수가 있어야지요. 우리 몫은 절대 받지 않으니 말이에요. 오늘 아침에도 제 엄마가 빵을 찰리 그릇에 슬쩍 밀어 주었지만 손도 대지 않더라고요. 결국 애 엄마가 돌려받았잖아요."

_《찰리와 초콜릿 공장》63~65쪽 중

사실 주인공 찰리를 제외하면 찰리의 가족은 이야기에서 아주 중요한 인물은 아니에요. 진짜 중요한 인물은 따로 있죠. 바로 초콜릿 공장을 운영하는 윙카 씨 그리고 찰리와 함께 초콜릿 공장에 초대받은 4명의 아이들입니다. 아이들의 이름은 아우구스투스 굴룹, 바이올렛 뷰리가드, 버루카 솔트, 마이크 티비예요. 재미있는 것은 이 아이들의 이름에 이 아이들의 성격이나 겪게 될 일이 담겨 있다는 거예요.

윙카 씨의 초콜릿 공장을 견학할 수 있는 황금빛 초대장을 발견한 마이크 티비의 이름에는 어떤 비밀이 숨어 있을까요?

"기자들이 집으로 찾아갔을 때, 티비 씨네 집도 다른 집들이 그랬던 것처럼 광분한 사람들로 난장판이었다. 하지만 행운을 잡은 마이크는 소란스러운 분위기에 몹시 신경이 날카로

워져 있었다. 마이크는 화가 나서 소리를 질렀다. '이 바보들. 내가 텔레비전 보는 게 안 보여요? 방해하지 말라고요.' 아홉 살 먹은 이 남자아이는 커다란 텔레비전 앞에 앉아 갱단들이 서로에게 기관총을 쏘아 대는 영화에 정신이 팔려 있었다.”

_《찰리와 초콜릿 공장》54~55쪽 중

이 부분을 통해 우리는 이 아이가 텔레비전을 정말 좋아한다는 사실을 알 수 있어요. 그런데 이 아이의 이름이 뭐였죠? 마이크 티비예요! 이름에 티비도 있고 마이크도 있군요. 텔레비전을 좋아한다는 특징이 이름에 그대로 담겨 있어요. 아우구스투스 굴룹은 어떨까요?

버킷 씨가 집으로 가져온 석간신문 첫 장에 그 아이의 사진이 대문짝만하게 실려 있었다. 사진 속의 아이는 초강력 펌프로 잔뜩 부풀려 놓은 것처럼 뒤룩뒤룩 살이 쪄 있었다. 온몸에 거대하고 흐물흐물한 지방 덩어리가 툭 불거져 있었고, 얼굴은 밀가루 반죽으로 빚은 커다란 공에 조그만 건포도 두 알을 박아 놓은 듯했다. 아이의 눈빛에는 욕심이 덕지 덕지 뭉쳐 있었다.

_《찰리와 초콜릿 공장》36쪽 중

아우구스투스 굴룹은 먹는 걸 너무나 좋아하는 아이예요. 그래서 살이 많이 쪘어요. 굴룹은 나중에 웡카 씨의 초콜릿 공장 안에 있는 초콜릿 강에서 초콜릿을 퍼 먹다가 파이프 속으로 쭉 빨려 들어가 버리게 되지요. 아우구스투스 굴룹의 이름에는 어떤 비밀이 숨어 있을까요? 아우구스투스는 고대 로마 첫 번째 황제의 이름입니다. 그리고 '굴룹'gloop은 '꿀꺽 삼키다'라는 뜻의 '걸프'gulp와 비슷하지요. 어떤가요? 둘을 합해 보니 황제처럼 꿀꺽 삼키고 먹는 걸 좋아하는 아이라는 뜻이군요.

초콜릿 공장에 함께 초대받은 바이올렛 뷰리가드와 버루카 솔트 역시 이름에 성격과 겪게 될 일을 담고 있어요. 바이올렛은 보라색이라는 뜻을 가지고 있어요. 버루카 솔트Veruca Salt의 버루카에 알파벳 R을 넣으면 발바닥에 생기는 사마귀Verruca가 돼요. 솔트는 잘 알고 있겠지만 소금이라는 뜻을 가지고 있죠. 바이올렛 뷰리가드와 버루카 솔트는 어떤 성격을 가졌고 어떤 일을 겪게 될까요? 정말 궁금하네요. 직접 책을 읽으면서 스스로 생각해 보세요.

"하지만 그건 정직한 일이 아니잖아요, 아빠. 그건 남을 속이는 일이에요."

"정직해서 부자가 되는 사람은 없어. 손님은 속이라고 있는 거야."

_《마틸다》28쪽 중

"요 사기꾼! 내 쪽지를 봤지? 여기 내가 써 놓은 것을 훔쳐 봤지?"

웜우드 씨가 마틸다에게 손가락질하며 소리를 질렀다.

"아빠, 저는 아빠 반대편에 있어요. 어떻게 제가 그 쪽지를 볼 수 있겠어요?"

"헛소리! 너는 분명히 봤어! 본 게 틀림없어! 세상 어느 누구도 그렇게 금방 맞는 답을 낼 수는 없어. 특히 계집애는 말이야. 너는 꼬마 사기꾼이야, 요것아. 그게 바로 너란 말이야! 이 사기꾼, 거짓말쟁이!"

_《마틸다》70쪽 중

바로 이때, 웜우드 씨가 부산을 떨며 들어왔다. 웜우드 씨는 어디든지 조용하게 들어오는 법이 없는 사람이었다. 아침 식사 때는 더 그랬다. 항상 우당탕탕 쿵탁 소음을 내어 자신의 등장을 사람들이 알 수 있게 해야만 직성이 풀렸다. 온몸으로 이렇게 말하는 것 같았다.

"나야! 내가 왔어! 위대하신 존재, 이 집의 주인, 돈 벌어 오는 사람, 바로 이 집의 모든 사람을 잘 먹고 잘살게 해 주는 사람! 나를 알아보고 존경심을 표하라고!"

_《마틸다》76~77쪽 중

마틸다의 아빠인 웜우드 씨에 대한 설명들입니다. 웜우드 씨는 어떤 사람으로 보이나요? 웜우드라는 이름에도 비밀이 담겨 있군요. 웜은 '따뜻한' warm일 수도 있고 '벌레' worm일 수도 있어요. 우드는 '나무' wood를 뜻하고요. 웜우드 씨는 따뜻한 나무 같은 사람일까요, 아니면 나무를 파먹는 벌레 같은 사람일까요? 다음 방법을 참고해 웜우드 씨가 어떤 사람인지 생각해 보세요.

인물을 이해하는 방법
❶ 등장인물의 이름을 확인한다.
❷ 인물의 말, 행동 그리고 생각을 찾아본다.
❸ 인물이 왜 그런 행동을 하는지 생각해 본다.

*119쪽에서 예시 답안을 확인할 수 있어요.

2.

표현을 이해하라

음식을 만들려면 식재료가 필요해요. 된장찌개를 끓이려면 된장, 멸치, 애호박, 버섯, 고추 등이 필요하지요. 재미있는 사실은 똑같은 재료로 같은 음식을 만들어도 맛이 다르다는 거예요. 똑같은 재료로 끓여도 엄마가 끓인 된장찌개와 아빠가 끓인 김치찌개는 맛이 달라요. 같은 재료라도 그것을 어떻게 다루고 사용하느냐가 맛을 결정하지요. 이야기도 마찬가지예요. 같은 사건의 이야기라도 이를 어떻게 표현하느냐에 따라 이야기의 맛이 달라져요. 때로는 무겁게 때로는 가볍게 때로는 환상적으로 때로는 현실적으로 말할 수 있어요. 그래서 표현을 잘 이해하면 더 재미있게 글을 읽을 수 있어요. 좋은 표현은 읽는 이의 머릿속에 장면을 그려 줘요. 실제 장면을 보고 있는 듯 생생하게 장면을 떠올릴 수 있지요. 그런 생생한 표현을 읽고 있으면 마치 내가 그 장면에 들어온 듯한 착각을 느끼기도 합니다. 이런 효과를 위해 작가는 다양한 표현 방법을 사용합니다.

> 마이크는 얼른 엄지손가락으로 버튼을 눌렀다. 그 순간 윙하는 굉장한 소리와 함께 엘리베이터 문이 철커덩 닫히더니 엘리베이터가 말벌에 쏘인 사람처럼 격렬하게 움직이기 시작했다. 놀랍게도 엘리베이터는 옆으로 움직였다. 엘리베이터가 갑자기 움직이는 바람에 천장에 달린 손잡이를 잡고 있던 윙카 씨만 빼고 모두 중심을 잃고 바닥으로 휙 나자빠졌다.
>
> _《찰리와 초콜릿 공장》199쪽 중

윙카 씨와 견학을 온 아이들은 마이크 티비가 선택한 텔레비전 초콜릿 방으로 가기 위해 엘리베이터 버튼을 누릅니다. 그 순간 엘리베이터는 말벌에 쏘인 사람처럼 격렬하게 움직이지요. 말벌에 쏘인 사람처럼은 무엇을 뜻하는 걸까요? 말벌에 쏘인 사람을 떠올려 보세요. 윽! 얼마나 아플까요? 벌에 쏘여도 아플 텐데 말벌에 쏘였다면 정말 끔찍하게 아플 거예요. 참을 수 없을 정도로 아프다면 가만히 있지 못하겠지요? 아파서 팔짝 뛰고 바닥을 데굴데굴 구르며 난

리법석을 피울 거예요. 엘리베이터가 말벌에 쏘인 사람처럼 움직였다는 것은 그만큼 매우 빠르고 갑작스럽고 격렬하게 움직였다는 걸 의미해요. 이런 표현을 비유적 표현이라고 해요. 비유적 표현은 설명하고자 하는 대상의 특징이 다른 대상의 특징과 비슷할 때 사용해요. 말벌에 쏘인 사람의 움직임이 우리로 하여금 엘리베이터의 격렬한 움직임을 생생하게 그릴 수 있도록 도와주지요. 다음을 읽으면서 비유적 표현을 찾아보세요.

> 찰리는 '뭔가 더 기막힌 일이 일어날 거야' 하고 생각했다. 하지만 두렵지는 않았다. 초조하지도 않았다. 그저 가슴이 너무나 벅찰 뿐이었다. 그건 조 할아버지도 마찬가지였다. 웡카 씨의 일거수일투족을 보고 있자니 할아버지도 점점 흥분이 되는지 얼굴이 벌겋게 달아올랐다. 웡카 씨는 엘리베이터 천장 쪽으로 팔을 뻗었다. 찰리와 조 할아버지는 학처럼 목을 길게 빼고 천장 버튼 옆에 붙은 딱지를 보았다. '상승 그리고 이탈'이라고 쓰여 있었다.
>
> _《찰리와 초콜릿 공장》235~236쪽 중

비유적 표현을 찾았나요? 비유적 표현은 바로 이 문장입니다. 찰리와 조 할아버지는 학처럼 목을 길게 빼고 천장 버튼 옆에 붙은 딱지를 보았다. 이 문장에서 사용한 비유적 표현을 살펴볼까요? 비유하고자 하는 대상은 무엇인가요? 바로 찰리와 조 할아버지입니다. 이들을 무엇에 비유하였나요? 학이지요. 찰리와 조 할아버지는 학과 어떤 공통점을 갖고 있나요? 목을 길게 빼고 있다는 것입니다. 목을 빼고 천장 버튼 옆에 붙은 딱지를 들여다보는 모습이 마치 학을 닮아서 그렇게 표현한 거지요.

웡카 씨는 갑자기 더 신바람이 난 듯했다. 누가 봐도 웡카 씨가 제일 좋아하는 방임에 틀림없었다. 웡카 씨는 크리스마스 선물 앞에서 무엇을 먼저 뜯어볼지 조바심을 내는 아이처럼 냄비와 기계 사이를 껑충껑충 뛰어다녔다. 웡카 씨는 엄청나게 큰 냄비 뚜껑을 열어 냄새를 훅 맡기도 하고, 또 다른 쪽으로 후닥닥 달려가 끈적끈적한 노란 액체가 담긴 통에 손가락을 쑥 담갔다 빼며 맛을 보기도 했다. 그러다가 어떤 기계로 쪼르르 달려가서 여섯 개나 되는 조절 장치를 이리저리 돌리기도 했다. 이어 초조한 얼굴로 무지무지 큰 오븐 안을 들여다보고는 만족스러운 듯 두 손을 비비며 환하게 웃어 보이기도 했다. 그다음에는 반짝반짝 윤이 나는 작은 기계로 달려갔다. 기계는 계속해서 퍽퍽, 퍽퍽, 퍽퍽 소리를 내고 있었는데, 소리가 날 때마다 기계에서 나온 커다란 녹색 구슬이 바닥에 놓인 바구니 안으로 떨어졌다. 뭐, 언뜻 보기에는 구슬 같았다.

_《찰리와 초콜릿 공장》142~144쪽 중

비유적 표현을 찾았나요? 웡카 씨는 크리스마스 선물 앞에서 무엇을 먼저 뜯어볼지 조바심을 내는 아이처럼 냄비와 기계 사이를 껑충껑충 뛰어다녔다. 무엇을 무엇에 비유했나요? 그리고 왜 그렇게 비유했나요? 여기서는 웡카 씨를 '크리스마스 선물 앞에서 무엇을 먼저 뜯어볼지 조바심을 내는 아이'에 비유하네요. 둘의 공통점은 기대감에 조바심이 나는 것이라고 할 수 있겠어요.

위 장면에서는 생생한 묘사를 위해 비유적 표현 외에 다른 표현 방법도 사용했어요. 바로 감각적 표현입니다. 감각적 표현은 인간의 다섯 가지 감각을 자극하는 표현 방법입니다. 다섯 가지 감각은 시각, 청각, 후각, 촉각, 미각이지요. 위 내용에서 다섯 가지 감각을 하나씩 찾아볼까요?

시각을 자극하는 표현에는 '껑충껑충 뛰어다녔다' '후닥닥 달려가' '쪼르르 달려가서' '반짝반짝 윤이 나는' 등이 있네요. 청각을 자극하는 표현에는 '퍽퍽, 퍽퍽, 퍽퍽'이 있고요. 후각을 자극하는 표현에는 '냄새를 훅 맡기도 하고', 촉각을 자극하는 표현에는 '끈적끈적한 노란 액체' '손가락을 쑥 담갔다 빼며' '이리저리 돌리기도 했다' 등이 있어요. 미각을 자극하는 표현에는 '맛을 보기도 했다'가 있습니다. 사람은 오감으로 세상을 느껴요. 그러니 오감을 자극하는 감각적 표현을 만나면 잠시 멈춰 그 감각을 떠올리며 느끼려 노력해 보세요.

찰리는 매번 멋진 생일 아침에 받은 초콜릿을 작은 나무 상자에 조심조심 모셔 두고는 순금 금괴 다루듯 애지중지했다. 처음 며칠은 그저 눈으로만 맛을 보고 절대 손도 대지 않았다. 그러다가 도저히 참을 수 없어지면 초콜릿이 보일락 말락 조금만 보일 정도로 포장지의 한쪽 귀퉁이를 벗겨 내서는 아주 조그맣게 한 입만 살짝 베어 먹었다. 달콤한 맛이 혀끝에서 감돌다가 은은하게 퍼져 나갈 정도로만, 다음 날도 한 입만 살짝, 그다음 날도, 그다음 날도, 그렇게 조금씩…… 찰리는 6페니짜리 초콜릿 선물을 한 달에 걸쳐 아껴 먹었다.

_《찰리와 초콜릿 공장》13쪽 중

감각적 표현을 찾았나요? '달콤한 맛이 혀끝에서 감돌다가 은은하게 퍼져 나갈 정도로만'이 바로 감각적 표현이에요. 단순히 '초콜릿이 달다'라고 하지 않았어요. '달콤한 맛이 혀끝에서 감돌다가 은은하게 퍼져 나갈 정도로만'이라고 했지요. 혀끝에 느껴지는 이 느낌, 다들 경험해 보지 않았나요? 잘 모르겠다고요? 그럼 이렇게 해 보세요. 저 말이 무슨 말인지 정말 잘 느낄 수 있을 거예요.
일단 배가 고플 때까지 참아 보세요. 한 끼를 굶으면 더 좋아요. 한참 배가 고플 때 물로 입을 헹구세요. 입 안에 어떤 맛도 남아 있지 않도록 말이에요. 그리고 초콜릿 한 조각을 떼 보세요. 크게 말고 작게요. 그리고 그 작은 조각을 입 안에 넣고 가만히 있어 보세요. 씹지 말고 혀 위에 올려놓고 가만히 기다려 보세요. 초콜릿이 살금살금 녹으면 혀 주변 감각이

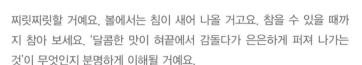

찌릿찌릿할 거예요. 볼에서는 침이 새어 나올 거고요. 참을 수 있을 때까지 참아 보세요. '달콤한 맛이 혀끝에서 감돌다가 은은하게 퍼져 나가는 것'이 무엇인지 분명하게 이해될 거예요.

그런데 혹시 눈치 챘나요? 찰리가 초콜릿을 아껴 먹는 저 글 안에도 비유적 표현이 숨어 있어요. 비유적 표현을 찾고 다음 방법을 이용해 자세히 살펴보세요.

비유적 표현을 이해하는 방법
❶ 무엇을 표현하려는지 찾는다.
❷ 그것을 무엇에 비유했는지 찾는다.
❸ 왜 그렇게 비유했는지 생각한다.

＊119쪽에서 예시 답안을 확인할 수 있어요.

3.
마음껏 상상하라

만약 여러분이 마법사라면 무엇을 하고 싶나요? 빗자루를 타고 하늘을 날아 보고 싶나요? 아니면 마법의 물약으로 신비한 능력을 가지고 싶나요? 원하는 것이 무엇이든 마법사가 된다는 것은 참 멋진 일일 거예요. 상상하는 그 무엇이든 이룰 수 있으니까요. 상상을 한다는 것은 참 멋진 일이에요. 그 무엇이든 만들 수 있고 그 어떤 일이든 할 수 있으니까요. 그래서 많은 친구들이 상상을 하나 봐요. 아이들은 잠들기 전 침대에 누워서 멋진 상상을 해요. 때로는 가족과 여행을 가는 차 안에서 상상을 하기도 하지요. 심지어 수업 시간에 수업은 안 듣고 온갖 상상에 빠지기도 하지요. 그런데 상상은 재미만 있는 것이 아니래요. 연구에 따르면 상상을 많이 하면 우리 뇌가 더 발전해 똑똑해진다고 해요.

그러니 책을 읽을 때 많이 상상하세요. 그러면 책은 더 재미있게 느껴지고 여러분은 더 똑똑해질 거예요.

'이제 무슨 일이 일어날까?'

'나라면 어떻게 할까?'

스스로에게 묻는 거죠. 되도록 근거를 가지고 이야기가 연결되도록 상상하는 것이 좋아요. 재미도 없고 이야기 흐름과 관계도 없는 상상은 피하는 거죠. 그냥 무턱대고 상상하는 것이 아니라 앞의 내용과 연결해서 상상하는 거예요. 예를 들어 주인공이 마법사라면 어떤 신비한 마법을 부릴지 상상하는 것이 전혀 이상하지 않아요. 하지만 신비한 이야기가 아닌 평범한 일상 이야기인데 주인공이 하늘을 날 거라고 상상해서는 안 돼요.

이야기의 여러 상황을 고려하여 상상하는 연습은 여러분의 삶을 더 좋게 만들어 줄 거예요. 책을 읽으며 키운 상상력을 여러분 삶에 적용할 수 있으니까요. 상상력이 커지면 여러분에게 앞으로 어떤 일이 일어날지 더 잘 예측할 수 있어요. 미래를 더 잘 예측하게 되면 당연히 삶의 질이 더 높아지겠지요.

자, 그럼 지금부터 《찰리와 초콜릿 공장》의 한 부분을 읽으면서 상상 속으로 빠져 볼까요?

정말 놀라운 광경이었다. 백 마리나 되는 다람쥐들이 커다란 탁자를 빙 둘러서 놓은 등받이 없는 높은 의자에 앉아 있었다. 탁자에는 엄청나게 많은 호두가 산더미처럼 쌓여 있었고, 다람쥐들은 빙빙 돌 정도로 빠르게 호두 껍데기를 까고 있었다.

(중략)

"호두 알맹이를 꺼내는 모습이 신통하지 않니? 껍데기를 까기 전에 상한 것인지 아닌지 먼저 알아보려고 앞발로 호두를 하나하나 톡톡 두들기는 걸 보렴. 상한 호두는 속이 텅 빈 소리가 나거든. 그러면 껍데기를 깔 생각도 않고 그대로 쓰레기 배출구로 던져 버리지."

_《찰리와 초콜릿 공장》180~181쪽 중

웡카 씨의 초콜릿 공장에는 호두를 까는 다람쥐가 있습니다. 그들은 호두가 비었는지 앞발로 두들겨 보지요. 상한 호두는 텅 빈 소리가 나기 때문에 깔 생각도 하지 않고 쓰레기통으로 버립니다. 참 재미있군요. 그런데 욕심쟁이이자 떼쟁이인 버루카가 그냥 지나갈 리가 없습니다.

버루카가 갑자기 큰 소리로 외쳤다.

"엄마! 마음을 정했어요. 다람쥐를 가질래요! 저 다람쥐 한 마리만 잡아 주세요!"

(중략)

솔트 씨는 돈이 가득 든 지갑을 꺼내면서 도도한 태도로 제의했다.

"좋습니다, 웡카 씨. 다람쥐 한 마리에 얼마면 되겠습니까? 부르시는 대로 드리지요."

웡카 씨가 대답했다.

"다람쥐는 파는 물건이 아닙니다. 따님은 제 다람쥐를 가질 수 없어요."

버루카는 신경질적으로 소리쳤다.

"아저씨가 뭔데 안 된다는 거예요? 그럼 내가 지금 한 마리 잡아 오겠어요!"

"안 돼!"

웡카 씨는 황급히 소리를 치며 말리려고 했지만 이미 엎질러진 물이었다. 버루카는 벌써 문을 쾅 열어젖히고 호두까기 방 안으로 뛰어 들어가 버렸다.

_《찰리와 초콜릿 공장》182~183쪽 중

모든 걸 가져야 직성이 풀리는 버루카는 다람쥐를 가져야겠다고 떼를 씁니다. 그의 아버지는 딸의 말대로 다람쥐를 사겠다고 하고요. 하지만 웡카 씨는 다람쥐는 파는 물건이 아니라며 거절합니다. 그러자 버루카는 막무가내로 호두 까는 방으로 들어갑니다. 자, 이제 무슨 일이 벌어질까요? 현실에서는 특별한 일이 벌어지지 않고 버루카가 그냥 다람쥐를 잡아올 가능성이 높아요. 실제 현실에서는 특이하고 놀라운 일이 그렇게 자주 벌어지지 않으니까요. 하지만 이야기는 달라요. 이야기에서는 반드시 특별한 어떤 일이 벌어져요. 이야기는 사건으로 이루어지는데 사건은 특별한 어떤 일이니까요.

그렇다면 여기서 도대체 무슨 일이 벌어질까요? 상상을 할 때는 앞 상황과 잘 연결해야 한다고 했죠? 합리적인 상상을 위해 이렇게 질문해 보세요.

'무슨 일이 벌어질까?'

'이제 벌어질 일과 관련될 만한 사건이 무엇이 있었지?'

앞에서는 어떤 일들이 있었나요? 아우구스투스 굴룹은 웡카 씨의 만류를 뿌리치고 초콜릿을 퍼먹다가 초콜릿 강에 빠졌어요. 바이올렛 뷰리가드 역시 웡카 씨가 말리는데도 마법의 껌을 씹다가 보랏빛색 푸른 공처럼 부풀어 올랐어요. 그런데 버루카 역시 웡카 씨가 말리는데도 자기 마음대로 호두까기 방으로 들어갔어요. 버루카에게 끔찍한 일이 벌어질 것 같지 않나요? 그렇다면 버루카는 어떤 끔찍한 일을 겪게 될까요? 지금 들어간 방은 어디죠? 거기에는 누가 있고, 그들은 무슨 일을 하나요? 충분히 상상해 보았나요? 자, 이제 무슨 일이 벌어졌는지 살펴보겠습니다.

스물다섯 마리의 다람쥐가 버루카의 오른팔을 잡아 바닥에 고정시켰다.

다른 스물다섯 마리는 왼팔을 잡아 꼼짝 못하게 눌렀다.

또 다른 다람쥐들 중 스물다섯 마리가 오른쪽 다리를 붙들고 늘어졌다.

나머지 스물네 마리가 왼쪽 다리를 잡았다.

마지막 남은 다람쥐 한 마리, 아마도 대장인 듯한 다람쥐가 버루카의 어깨로 올라가더니 앞 발가락 마디로 가엾은 버루카의 머리를 톡톡 두들겼다.

버루카 엄마가 비명을 질렀다.

"우리 아이를 구해 줘요! 버루카! 돌아와! 저것들이 우리 아이한테 무슨 짓을 하는 거죠?"

웡카 씨가 대답했다.

"상한 호두인지 아닌지 알아보는 중인가 봅니다. 잘 지켜보세요."

_《찰리와 초콜릿 공장》184~185쪽 중

버루카가 가지려고 한 다람쥐들은 호두를 까는 다람쥐입니다. 그들은 호두를 까기 전에 호두를 두드려 보지요. 그들은 똑같은 일을 버루카에게도 하는군요. 웡카 씨는 이걸 상한 호두인지 알아보는 중이라고 하는군요. 과연 버루카의 머리는 상한 호두일까요, 아닐까요? 상상해 보세요. 앞으로 또 어떤 일들이 벌어질지 책을 읽고 확인해 보세요.

이번에는 《마틸다》의 한 장면을 살펴보기로 해요.
마틸다는 하니 선생님과의 이야기 끝에 트런치불 교장이 하니 선생님의
이모라는 사실을 알게 됩니다. 교장이 하니 선생님의 아버지를 죽인 것으
로 보인다는 사실도 말이지요. 게다가 하니 선생님이 받아야 할 유산도
빼앗고 심지어 월급까지 모두 빼앗고 있다는 것 역시 알게 되지요.

하니 선생님을 도울 계획이 마틸다의 머릿속에서 멋들어지
게 펼쳐졌다. 마틸다는 이제 자세한 계획까지 세워 놓았다.
두 눈의 힘으로 그 특별한 일을 해낼 수 있느냐 없느냐만 남
아 있었다. 당장 그 일을 해낼 수 없으리란 걸 알고 있었지
만, 열심히 노력하고 많이 연습하면 결국 성공할 거라고 확
신했다. 시가는 필수적인 도구였다. 무게는 마틸다가 원했
던 것보다 조금 더 가벼울지 모르지만 두께는 거의 일치했
다. 연습용으로는 그만이었다.

_《마틸다》 274~275쪽 중

마틸다는 눈으로 물체를 움직일 수 있는 불가사의한 힘을 가지고 있어요.
그리고 마틸다는 그 힘을 이용하여 하니 선생님을 도우려고 해요. 마틸다
가 선생님을 어떻게 도울지는 우리는 아직 알 수 없어요. 마틸다는 선생
님을 돕기 위해 어떤 연습을 해야 하고 연습 대상으로 시가를 선택해요.
시가는 외국 영화에서 가끔 볼 수 있는 돌돌 말아서 피우는 두꺼운 담배
예요. 손가락처럼 생겼다고 생각하면 돼요. 시가는 마틸다가 원했던 것보
다 조금 가볍지만 두께는 거의 일치한다고 해요. 도대체 마틸다는 무엇을
이용하려는 걸까요? 시가와 비슷하게 생긴 것에는 무엇이 있을까요? 젓

가락? 연필이나 볼펜? 아니면 분필? 라이터? 지휘봉?

교장이 월프레디의 발목을 잡고 좌우로 그네를 태우면서 소
리를 질렀다.
"8 곱하기 3은 3 곱하기 8과 같고, 3 곱하기 8은 24야!"
그때 교실 다른 쪽 끝에 있던 나이절이 풀쩍 뛰어올라 칠판
을 가리키며 비명을 지르기 시작했다.

_《마틸다》285~286쪽 중

마틸다는 트런치불 교장 선생님을 벌하려고 합니다. 마틸다는 시가와 비
슷한 크기의 물건으로 교실에서 무엇을 하려는 걸까요? 여러분이 마틸다
라고 생각하고 상상해 보세요. 여러분이 마틸다라면 어떤 물건으로 어떻
게 트런치불 교장에게 벌을 내리겠어요? 지휘봉으로 교장 선생님의 종아
리를 때릴까요? 라이터로 교장 선생님의 엉덩이를 뜨겁게 달굴 수도 있
겠군요. 또 무엇이 있을까요? 자유롭게 상상해 보세요. 책의 이야기와 꼭
맞아야 하는 건 아니에요. 책 속 이야기와 달라도 스스로 상상해 본다는
사실만으로 좋아요. 마틸다의 선택은 무엇일까요? 다음 방법을 참고하여
마음껏 상상하고 그 통쾌한 장면을 책을 통해 직접 확인해 보세요.

 마음껏 상상하는 방법
❶ 앞에서는 무슨 일이 있었는지 살펴본다.
❷ 나라면 어떻게 할지 생각해 본다.

4.
주제를 발견하라

오늘은 친구나 가족과 어떤 대화를 나누었나요? 재미있게 읽은 책에 대해? 아니면 새로운 게임에 대해? 그것도 아니면 오늘 저녁에 먹을 메뉴에 대해? 무엇이 되었든 간에 여러분은 무언가에 대해 이야기를 했을 거예요. 우리가 이야기하는 그 '무언가'를 주제라고 해요. 주제는 글이나 대화에서 가장 중심이 되는 문제예요. 이야기에도 주제가 있어요. 모든 이야기는 무언가에 대해 말하고 있으니까요. 이야기는 그냥 읽어도 재미있지만 주제를 파악하면 더욱 재미있지요. 재미도 있고 무언가를 배울 수도 있어요. 내용의 의미를 더 잘 이해할 수 있고 교훈도 얻을 수 있어요.

주제는 어떻게 찾을 수 있을까요? 〈토끼와 거북이〉를 통해 함께 생각해 볼게요. 〈토끼와 거북이〉의 내용은 다음과 같아요. 토끼가 자신을 느림보라고 계속 놀리자 거북이는 달리기 시합을 제안해요. 시합이 시작되고 당연히 토끼가 크게 앞섭니다. 하지만 방심한 토끼는 시합 중에 낮잠을 자고 결국 포기하지 않은 거북이가 이기게 되지요.

혹시 이 이야기의 주제가 무엇이라고 생각하나요? 토끼? 거북이? 이들은 앞에서 알아본 등장인물입니다. 그러면 달리기 시합? 달리기 시합은 주제가 아닌 소재예요. 주제와 소재는 어떻게 다를까요? 주제는 이야기의 중심된 생각이고 소재는 주제를 이야기하기 위해 사용되는 재료예요. 예를 들어 찰흙으로 코끼리를 만든다면 주제는 코끼리가 되고 찰흙은 소재가 되지요. 또 돌을 깎아 슬프게 울고 있는 사람을 표현한다면 주제는 슬픔이고 이를 돌이라는 소재로 나타낸 것입니다. 〈토끼와 거북이〉의 작가는 달리기 시합을 하는 토끼와 거북이를 통해 우리에게 무슨 말을 하고 싶었을까요? 아마 '성실함'에 대해 말하고 싶었을 겁니다. 재능이 있으나 게으른 토끼는 시합에서 지고 재능은 부족하지만 성실한 거북이가 승리하잖아요.

하나만 더 볼까요? 〈금도끼 은도끼〉를 살펴보죠. 등장인물은 나무꾼과 산신령입니다. 소재는 금도끼, 은도끼이고요. 주제는 무엇일까요? 이야기를 지은 작가는 우리가 이 이야기를 듣고 어떤 생각을 하고 무엇을 배우길 바랐을까요? 정직했던 나무꾼은 상으로 금도끼와 은도끼를 받지만 거짓말을 했던 나무꾼은 자신의 도끼마저 잃어버리고 맙니다. 거짓말을 하지 말 것, 그리고 정직할 것을 이야기하는군요. 이제 주제를 이해했나요?

그럼 이제부터 《찰리와 초콜릿 공장》을 한 번 살펴볼까요? 찰리, 윙카 씨, 아우구스투스 굴룹, 바이올렛, 버루카, 마이크 티비와 같은 사람들은 무엇이라고 했죠? 네, 맞아요. 바로 등장인물입니다. 초콜릿 공장은 배경이고 초콜릿은 소재입니다. 그럼 이 이야기에서 등장인물과 소재를 이용해 작가가 하고 싶었던 말은 무엇일까요? 우리는 이 이야기를 읽고 무엇을 배우고 무엇을 느낄 수 있을까요?

주제를 찾기 위해 우리는 이야기가 무엇에 대해 반복해서 이야기하고 어떤 일이 반복해서 일어나는지 살펴봐야 합니다. 아우구스투스는 초콜릿 강에 도착하자 자기 마음대로 초콜릿을 먹기 시작했어요. 초콜릿을 더럽히지 말라는 윙카 씨의 말도, 초콜릿을 먹는 온 나라 사람들에게 감기를 옮기게 될 거라는 엄마의 말도 무시하고 말이죠.

하지만 아우구스투스의 귀에는 볼록한 자기 배 속에서 들려오는 소리 말고는 아무 소리도 들리지 않았다. 이젠 아예 땅바닥에 배를 깔고 엎드려 강물에 머리를 처박다시피 하고 강아지처럼 초콜릿을 핥아 먹고 있었다.

(중략)

아우구스투스 아빠가 소리쳤다.

"조심해, 아우구스투스! 몸이 너무 앞으로 기울었어!"

아우구스투스 아빠가 말한 대로였다. 갑자기 비명이 들리더니 풍덩 하고 아우구스투스가 강으로 빠져 버렸다. 그러고는 눈 깜짝할 사이에 갈색 강물 속으로 사라지고 말았다.

_《찰리와 초콜릿 공장》115쪽 중

밥 먹을 때 빼고는 쉬지 않고 껌을 씹는 바이올렛 뷰리가드 역시 윙카 씨가 개발한 마법의 껌을 자기 마음대로 씹기 시작합니다. 마법의 껌은 한 개로 다양한 맛을 느끼고 실제로 배도 부른 식사 대용 껌이에요. 문제는 아직 부작용이 있다는 겁니다. 윙카 씨는 아직 개발이 끝나지 않았다며 바이올렛을 말리지만 아이는 말을 듣지 않습니다. 그리고 어떤 일이 벌어졌을까요?

모두 잠자코 바이올렛을 쳐다보았다. 얼마나 끔찍하고 기이

하고 망측한 모습인지! 얼굴이며 팔다리, 목 등 온몸은 물론
이고 숱 많은 곱슬머리까지 블루베리주스 같은 밝은 보랏빛
푸른색으로 변해 버린 것이다!

(중략)

바이올렛의 몸은 놀라운 속도로 부풀어, 1분이 지나자 거대
한 블루베리 열매를 떠올리게 하는 푸른 공처럼 부풀어 올랐
다. 바이올렛의 원래 모습이 남은 곳이라곤 둥근 몸에서 삐죽
나온 짧은 두 다리와 두 팔, 그리고 쪼그만 머리뿐이었다.

_《찰리와 초콜릿 공장》157~159쪽 중

다음은 버루카 솔트예요. 버루카는 자기가 원하는 모든 걸 다 가
져야 직성이 풀리는 아이예요. 버루카가 초콜릿 공장을 견학할 수
있는 황금빛 초대장을 가지게 된 것도 모두 아빠에게 떼를 썼기 때
문이에요. 땅콩 공장을 운영하던 버루카의 아빠는 100여 명의 공장
직원들에게 땅콩 까는 일을 멈추게 하고 초콜릿 포장지를 까게 했
지요. 공장 직원이 나흘 동안 초콜릿 포장지를 깐 덕분에 버루카는
황금빛 초대장을 가지게 되었어요. 버루카가 공장에서 무슨 일을
겪게 되는지 우리는 이미 앞에서 보았어요. 호두 까는 다람쥐를 갖
겠다고 떼를 쓰던 버루카는 호두까기 방으로 들어갔다가 다람쥐에

게 잡히고 말지요.

> 웡카 씨가 말했다.
> "오, 상한 호두인가 보군요. 머리에서 텅 빈 소리가 난 게 틀림없어요."
> (중략)
> "도대체 우리 딸을 어디로 데려가는 거죠?"
> 웡카 씨가 대답했다.
> "상한 호두를 버리는 곳이겠죠. 쓰레기 배출구요."
>
> _《찰리와 초콜릿 공장》185~186쪽 중

마지막은 마이크 티비예요. 마이크 티비는 하루 종일 티비를 봐야 하는 아이지요. 이 아이도 제멋대로 행동하다가 초콜릿 공장에서 사고를 당해요. 하지만 여기서는 말하지 않을게요. 모두 알면 재미없으니까요.

《찰리와 초콜릿 공장》의 주제는 무엇일까요? 《찰리와 초콜릿 공장》에서는 아이들이 계속 사고에 휘말려요. 찰리만 빼고요. 찰리와 사라진 아이들 사이에는 차이점이 있어요. 마치 〈토끼와 거북이〉의 토끼와 거북이처럼요. 그리고 〈금도끼 은도끼〉의 두 나무꾼처럼 말이죠. 사라진 네 명의 아이들은 욕심쟁이에다가 제멋대로예요. 이 네 명의 욕심쟁이들은 규칙도 지키지 않고 웡카 씨의 말을 듣지 않다가 사고를 당합니다. 반면 찰리는 마음씨 착하고 생각도 깊은 아이예요. 찰리는 웡카 씨에게 뜻하지 않은 엄청난 선물을 받게 되지요. 그것이 어떤 선물인지도 책에서 직접 찾아보는 편이 훨씬 재미있겠네요.

이제 주제가 보이나요? 《찰리와 초콜릿 공장》은 규칙을 지키지 않고 제멋대로인 아이들은 사고를 당하거나 벌을 받게 된다는 사실을 말하고 있어요. 반대로 규칙을 잘 지키고 착한 아이들은 상이나 좋은 결과를 받게 된다는 것도요. 많은 아이들이 《찰리와 초콜릿 공장》의 주제를 통해 중요한 삶의 교훈을 얻을 수 있겠네요.

그럼 《마틸다》와 《샬롯의 거미줄》의 주제는 무엇일까요? 그 책을 통해 우리는 또 무엇을 배울 수 있을까요? 그 책의 주제들은 직접 책을 다 읽고 스스로 생각해 보면 좋겠어요. 다음 방법을 참고하여 주제를 발견해 보세요.

주제를 발견하는 방법
❶ 반복되는 사건을 찾는다.
❷ 반복되는 사건을 통해 배우거나 느낄 수 있는 것이 무엇인지 생각한다.

*120쪽에서 예시 답안을 확인할 수 있어요.

《찰리와 초콜릿 공장》
로알드 달 글 | 퀸틴 블레이크 그림
지혜연 옮김 | 시공주니어 | 2019

《마틸다》를 쓴 로알드 달의 또 다른 작품입니다. 1년에 딱 한 번 자기 생일에만 겨우 초콜릿을 맛볼 수 있는 가난한 찰리. 우연히 황금 초대장을 손에 넣어 윙카 씨의 초콜릿 공장에 초대받게 됩니다. 하지만 그곳은 평범한 초콜릿 공장이 아닙니다. 초콜릿 강이 흐르고 영원히 빨아먹을 수 있는 왕사탕을 만드는 등 마법 같은 일들이 벌어지는 곳이지요. 이곳에 초대받은 다섯 명의 아이들은 도대체 어떤 일들을 겪게 될까요?

《톰 소여의 모험》
마크 트웨인 글
도널드 매케이 그림
지혜연 옮김 | 시공주니어
2005

미국 작가 마크 트웨인이 1876년에 발표한 작품입니다. 톰은 장난이 매우 심하지만 아주 영리해요. 어느 날 톰은 친구 허클베리 핀과 밤에 공동묘지에서 만나기로 해요. 하지만 이곳에서 그들은 살인 사건을 목격하게 되는데요. 이 일은 톰 소여를 어떤 모험으로 끌어들일까요?

《보물섬》
로버트 루이스 스티븐슨 지음
김영선 옮김 | 시공주니어
2019

영국 작가 로버트 루이스 스티븐슨이 1883년에 발표한 모험 소설입니다. 짐 호킨스는 부모님을 도와 여관에서 일을 하고 있습니다. 그러던 어느 날 여관에 묵던 빌리 본즈라는 해적이 죽게 되지요. 그런데 선장의 옷 상자에서 보물 지도가 나옵니다. 짐은 선원들을 모집해 보물을 찾으러 떠나게 됩니다. 하지만 선원의 대부분은 보물을 다시 뺏으려는 해적들이었습니다. 짐은 어떤 운명에 처하게 될까요?

3부
샬롯의 거미줄

3부에서는 《샬롯의 거미줄》 속 배경을 파악해 볼 거예요. 이야기가 언제 어디서 일어났는지 알아보는 거예요. 다음으로 단어를 구체적으로 살펴보고 이야기 속 사건들을 원인과 결과로 분석해 볼게요. 이제 출발합니다!

배경을 이해하라 ─────────

어휘를 비교 분석하라 ─────

이야기를 분석하라 ──────

1.

배경을 이해하라

　책을 읽고 있는 지금은 몇 시인가요? 학교 다녀온 오후인가요? 아니면 저녁을 먹고 난 뒤인가요? 그것도 아니면 혹시 일요일 오전인가요? 여러분은 지금 어디에 있나요? 책상에 앉아 있나요? 아니면 거실 소파에 누워 있나요? 혹시 도서관인가요? 여러분이 지금 어디 있는지 정확히 알 수는 없지만 분명 어떤 시간, 어떤 장소에 있을 거예요. 사람은 항상 어떤 시간, 어떤 장소 안에 있으니까요.

　이야기도 항상 어떤 시간, 어떤 장소 안에서 일어나요. 이를 배경이라고 해요. 배경은 이야기가 일어나는 상황을 말합니다. 배경에는 시간적 배경과 공간적 배경이 있어요. 시간적 배경은 사건이 일어난 시간을 말합니다. 공간적 배경은 사건이 일어난 장소를 말하지요. 여러분이 어제 학교 운동장에서 축구를 했다면 시간적 배경은 어제, 공간적 배경은 학교 운동장이 됩니다. 시간적 배경이라고 해서 꼭 몇 시를 의미하지는 않아요. 시간적 배경은 2시 35분일 수도 있지만 2047년일 수도 있어요. 어느 늦은 가을 혹은 조선 말기가 시간적 배경이 될 수도 있지요. 공간적 배경 역시 다양합니다. 학교, 집, 도서관이 될 수도 있고 우리나라, 프랑스, 나이지리아가 될 수도 있어요. 혹은 저 깊은 바다 속이나 우주 공간이 될 수도 있어요.

배경을 이해하는 건 사건을 이해하는 데서 매우 중요합니다. 왜냐하면 어떤 사건이 일어날지 그리고 그 사건이 어떻게 진행될지가 배경에 의해 영향을 받기 때문이에요. 예를 들어 누군가가 아이의 머리를 쓰다듬었다고 생각해 보세요. 우리나라라면 '아이가 귀여워서 그랬구나' 하고 생각할 거예요. 하지만 만약 태국이라면 어떨까요? 태국 사람들은 머리에 신성한 생명의 기운이 있다고 생각해요. 그래서 상대방의 머리를 건드리는 것은 매우 나쁜 행동이라고 믿습니다. 만약 태국에서 어떤 아이의 머리를 쓰다듬는다면 분명 그 아이의 부모가 크게 화를 낼 거예요. 같은 행동이라도 장소에 따라 의미가 달라지는 거지요.

시간에 따라서도 사건의 의미는 달라져요. 어떤 아이가 아침에 일어나 씻고 밥 먹고 옷을 입고 나간다면 사람들은 아이가 학교에 간다고 생각할 거예요. 하지만 만약 같은 행동을 밤 12시에 한다면 어떨까요? 도대체 어디를 가는지 무슨 일이 일어날지 알 수가 없어요. 이처럼 인간의 행동과 사건은 시간과 장소에 따라 그 의미가 전혀 달라져요. 인간의 삶을 그린 이야기에서도 마찬가지예요. 이야기를 더 잘 이해하기 위해서는 그리고 그 장면을 온전히 더 잘 느끼기 위해서는 배경을 염두에 두어야 해요.

《샬롯의 거미줄》은 어느 시대를 배경으로 할까요? 시대란 어떤 특정한 성격을 가진 일정한 기간을 뜻해요. 예를 들어 문명이 발전하기 이전은 원시시대라고 하고 일본이 우리나라의 주권을 빼앗았을 때는 일제 강점기라고 하죠. 《샬롯의 거미줄》에는 시대에 대한 직접적인 설명은 없어요. 이럴 때는 내용을 통해 추측해 봐야 해요. 《샬롯의 거미줄》에는 스마트폰이나 컴퓨터에 대한 언급이 전혀 없어요. 이를 통해 볼 때 최근 이야기는 아닌가 봅니다. 그런데 자동차가 나오는 걸 보면 또 아주 먼 옛날의 이야기도 아니고요. 이런 것들로 보아 이야기의 배경은 수십 년 전이 아닐까 추측해 볼 수 있어요. 어떤 시대를 배경으로 하는지 설명이 없다면 보통은 이야기가 쓰여진 때라고 생각하면 돼요. 책날개에 있는 작가 소개를 보니 1899년에 태어나 1985년까지 살았군요. 성인이 된 이후에 썼을 테니 작가가 30~50세쯤에 썼다고 계산해 볼까요? 그럼 대략 1930년에서 1950년쯤으로 보이는군요. 그럼 이제 실제로 언제 이 책을 썼는지 확인해 보겠습니다. 속표지 바로 앞에 있는 책 정보를 보면 "Copyright ⓒ 1952 by E. B. White"라고 되어 있네요. 1952년에 썼다는 뜻이에요. 추측이 대략 맞군요.

> 밤이 무척 길게 느껴졌다. 윌버의 배는 비어 있었지만, 머리는 가득 차 있었다. 배 속은 비어 있는데 머릿속이 가득 차 있을 때는 잠들기가 힘든 법이다.
> 윌버는 밤중에도 몇 번씩이나 잠에서 깼다. 어둠 속을 뚫어지라 쳐다보면서 귀를 기울이고 몇 시인지 알아보려고 애썼다.
>
> _《샬롯의 거미줄》46쪽 중

깊은 밤이에요. 모두들 잠에 들었죠. 하지만 윌버는 잠에 들지 못하고 있어요. '배는 비었지만 머리는 가득 차' 있었기 때문입니다.

> 동이 트려면 삼십 분쯤 남은 시각이었다. 윌버는 잠에서 깨어 귀를 기울였다. 헛간은 아직 어두웠다. 양들은 기척도 없

이 누워 있었다. 암거위까지도 조용했다.

밤새 뒤척이던 윌버는 동이 트기 삼십 분 전쯤에 다시 깹니다. 도대체 왜 윌버는 제대로 잠도 들지 못하고 있을까요? 무엇을 기다릴까요?

이윽고 하늘이 환해졌다.
"아, 아름다운 아침, 드디어 여기에 찾아왔구나! 오늘은 내 친구를 찾아낼 거야."

드디어 해가 뜨고 하늘이 환해졌습니다. 아침이군요. 윌버는 말합니다. "오늘은 내 친구를 찾아낼 거야." 윌버가 제대로 잠을 잘 수 없었던 이유는 새로운 친구를 만날 수 있으리라는 기대 때문이에요. 전날 있었던 일이에요. 친구가 없어 너무 외로워 두엄 더미에서 흐느껴 울던 윌버에게 하나의 목소리가 들립니다.

"친구를 원하니, 윌버? 내가 네 친구가 되어 줄게. 하루 종일 너를 지켜봤는데 네가 마음에 들었어."

윌버가 벌떡 일어나며 말했다.

"그런데 난 네가 보이지 않아. 어디 있는 거야? 그리고 넌 누구야?"

그 목소리가 말했다.

"난 여기, 바로 위에 있어. 잠을 자 둬. 아침에는 나를 보게 될 거야."

_《샬롯의 거미줄》 45쪽 중

끔찍한 외로움을 견딜 자신이 없던 윌버에게 새로운 희망이 생긴 것이죠. 이 희망으로 설레고 새로운 친구가 누군지 보고 싶어 윌버는 밤새 잠을 설쳤어요. 그런데 왜 하필 밤이었을까요? 그냥 낮이면 바로 만나고 좋았을 텐데요. 여기서 밤이라는 시간은 이야기에 어떤 영향을 끼칠까요?

밤은 인내의 시간입니다. 어두워서 한 치 앞도 보이지 않아 아무것도 할 수 없는 시간. 가만히 웅크리고 앉아 더 좋은 때가 오기를 기다려야 하는 시간이죠. 몸이 아파도 병원이 문 여는 아침까지 참아야 하는 것처럼 말이죠. 윌버가 새로운 친구와의 만남을 위해 참고 기다리기에 가장 적당한 시간이에요. 기다린 만큼 환희는 더 클

테니까요.

월버가 크고 또렷한 소리로 말했다.
"저 좀 봐요! 어젯밤 잠들 때 저한테 말을 걸었던 분이 계시면 적당한 몸짓이나 신호를 보내서 알려 주세요!"

_《샬롯의 거미줄》49쪽 중

밤은 점점 옅어지고 드디어 해가 뜹니다. 기다림과 인내의 시간인 밤이 지나고 새로운 희망의 시간인 아침이 온 겁니다. 떠오르는 해에 용기를 얻은 월버는 이전과 다르게 용감하게 나섭니다. 이제 공간적 배경을 한 번 살펴볼까요?

헛간은 아주 넓었다. 그리고 아주 오래되었다. 헛간에서는 건초 냄새가 났고 두엄 냄새가 났다. 지친 말들의 몸에서는 땀 냄새가 풍겼고, 우직한 젖소들의 숨결에서는 단내가 묻어 나왔다. 헛간에서는 나쁜 일이 다시는 일어날 것 같지 않은, 평화로운 냄새가 났다. 곡식 냄새, 마구와 굴대에 치는 기름 냄새, 고무장화 냄새, 새 밧줄 냄새도 났다. 고양이한테 생선 대가리를 줄 때면 헛간 안에는 비린내가 풍겼다. 하지만 가장 많이 나는 냄새는 역시 건초 냄새였다. 헛간에는 항상 건초가 키를 넘을 만큼 높다랗게 쌓여 있고, 젖소와 말과 양에게 먹이로 던져 준 건초가 바닥에 널려 있기 때문이었다.

_《샬롯의 거미줄》22쪽 중

이 헛간은 《샬롯의 거미줄》에서 가장 중요한 공간이에요. 《샬롯의 거미줄》에서 공간적 배경은 크게 세 군데예요. 시작은 윌버를 사랑하는 여자아이 펀의 집이에요. 하지만 펀의 집은 중요한 공간이 아니에요. 이야기의 배경은 곧 헛간으로 바뀌고 여기가 가장 중요한 공간이 됩니다. 위 내용은 이야기의 배경이 펀의 집에서 헛간으로 변할 때 중요한 역할을 해요. 앞으로 이야기가 펼쳐질 곳, 주인공 아기 돼지 윌버가 살게 될 곳이 어떤 곳인지를 보여 주고 있어요. 이야기가 펼쳐질 헛간이 어떤 곳인지 아주 생생하게 묘사해 주지요. 혹시 여기서 주로 어떤 표현 방법을 사용했는지 눈치 챘나요? 우리가 앞에서 이미 배운 표현 방법인데 말이죠. 맞아요. 바로 감각적 표현이에요. 여기서는 후각을 자극하는 감각적 표현을 사용하며 공간을 묘사하고 있어요. 헛간 안에는 건초 냄새, 두엄 냄새, 땀 냄새, 단내, 평화로운 냄새, 곡식 냄새, 기름 냄새, 고무장화 냄새, 새

밧줄 냄새, 비린내가 섞여 있어요. 우리는 언젠가 가 보았던 농장의 냄새를 떠올리게 되죠. 그곳의 느긋함과 평화로움도 함께 떠오를 거예요. 지금 이 공간은 평화 그 자체예요. 아주 오래되고 아주 낡은 헛간은 평화로운 냄새를 풍기고 있지요.

> 품평회장에 들어서자 음악 소리가 들렸고, 하늘에서는 대관람차가 돌아가는 것이 보였다. 경마장에서는 살수차가 물을 뿌려서 흙먼지 냄새가 났다. 햄버거 굽는 냄새도 났고 하늘 높이 떠 있는 풍선들도 보였다. 양우리에서는 양들이 매애, 하고 우는 소리가 들렸다.
>
> _《샬롯의 거미줄》182쪽 중

이야기의 다음 배경은 바로 농축산물 품평회장이에요. 윌버가 대단한 돼지라고 믿게 된 주커만 씨는 윌버를 평가받기 위해 품평회에 참여하게 되었어요. 이야기의 뒷부분은 바로 이곳에서 펼쳐지게 돼요. 품평회장은 어떤 공간일까요? 음악 소리, 대관람차, 흙먼지 냄새, 햄버거 굽는 냄새, 하늘 위 풍선, 양들이 매애 하고 우는 소리. 역시 다양한 감각적 표현들이 이 공간을 느끼게 도와주는군요. 윌버와 샬롯은 이 두 공간에서 어떤 일들을 겪게 될까요?

찰리는 어마어마한 방 안을 둘러보았다. 마녀들이 마법의 약을 만드는 부엌 같았다. 사방에 놓인 검은 무쇠 냄비가 커다란 불 위에서 부글부글 거품을 내며 끓고 있었고, 주전자는 쉭쉭 김을 내뿜었다. 냄비에서는 무언가가 지글지글 타고 있었고, 요상한 무쇠 기계가 철커덩철커덩 퍽퍽 소리를 내며 돌아가고 있었다. 천장과 벽은 물론 사방에 파이프가 어지럽게 연결되어 있었고, 연기와 수증기, 그리고 달콤하고 그윽한 향기가 방 안 가득했다.

_《찰리와 초콜릿 공장》141~142쪽 중

초콜릿 공장 신제품 개발실에 대한 묘사입니다. 여기는 어떤 공간일까요? 신제품 개발실이 어떤 모습일지 상상해 보세요. 그림 그리기를 즐긴다면 도화지에 그려 보아도 좋겠어요. 《찰리와 초콜릿 공장》143쪽의 신제품 개발실 삽화와 비교해 보면 더욱 재미있겠네요. 다음 방법을 참고하여 배경에 대해 한 번 더 생각해 보세요.

배경을 이해하는 방법
❶ 시간과 공간을 나타내는 표현을 찾는다.
❷ 시간과 공간이 인물과 사건에 미치는 영향에 대해 생각해 본다.

----

*120쪽에서 예시 답안을 확인할 수 있어요.

2.

어휘를 비교 분석하라

글을 읽다가 모르는 단어를 만나면 우선 그 뜻을 짐작해 보아야한다고 했어요. 세상에 있는 모든 단어를 다 알 수는 없고 매번 사전을 찾기도 번거롭기 때문이지요. 처음 본 새로운 단어라도 앞뒤상황을 잘 살펴보면 충분히 그 뜻을 눈치 챌 수 있어요. 하지만 짐작만으로 단어 공부가 충분하지는 않아요. 단어를 잘 알려면 좀 더깊게 살펴볼 필요가 있어요. 처음에는 간단히 짐작하되 단어에 관심을 가지고 점점 더 깊게 알아 가야 한다는 뜻입니다. 그럼 어떻게하면 단어를 더 깊게 이해할 수 있는지 한 번 살펴볼게요.

윌버는 날이 갈수록 샬롯이 좋아졌다. 샬롯의 벌레 퇴치 운동은 분별이 있고 유익했다. 농장 주변의 어느 누구도 파리를 좋게 말하지 않았다. 파리는 가축을 성가시게 하면서 시간을 허비했다. 젖소들은 파리를 싫어했다. 말들도 파리를 혐오했다. 양들도 질색했다. 주커만 부부는 항상 파리들 때문에 불평했고, 방충망을 쳐 놓았다.

_《샬롯의 거미줄》 69쪽 중

매우 유사한 낱말들이 줄줄이 나오는군요. 싫어했다, 혐오했다, 질색했다. 이 셋은 뜻이 비슷하지만 조금씩 달라요. 그 차이를 한번 생각해 볼까요? '싫어하다'는 우리가 흔히 쓰는 말이니 일단 넘어갈게요. '혐오하다'를 온라인 국어사전으로 찾아볼게요. '싫어할 혐'에 '미워할 오'예요. 그렇다면 '혐오하다'는 '싫어하다'와 무엇이 다른가요? '혐오하다'는 싫어하는 것을 넘어 미워하는 것이군요. '혐오하다'가 '싫어하다'보다 더 강한 의미네요. '질색하다'도 찾아볼게요. '질색하다'의 첫 번째 뜻은 '숨이 통하지 못하여 기운이 막히다'예요. 이건 아닌 것 같군요. 두 번째 뜻은 '몹시 싫어하거나 꺼리다'이네요. '질색하다'는 몹시 싫어하는 거니까 '싫어하다'보다 강하군요.

그렇다면 '혐오하다'와 '질색하다' 중에는 무엇이 더 강한 의미일까요? 싫어하고 미워하는 '혐오하다'와 몹시 싫어하는 '질색하다'

중 무엇이 더 강해 보이나요? '혐오하다'가 좀 더 강하게 싫어하는 느낌이 들지 않나요? 이건 사람마다 생각에 차이가 있을 수도 있겠네요. 단어를 깊게 이해하기 위해서는 이처럼 비슷한 단어를 모아 비교해 보면 좋아요. 비슷한 뜻이지만 조금씩 다른 차이를 발견하다 보면 단어에 대한 지식이 점점 깊어질 거예요.

이번에는 단어들을 자기 자신과 연결지어 생각해 봅시다. 여러분은 무엇을 싫어하고 무엇을 질색하며 무엇을 혐오하나요? 음식으로 생각해 볼까요? 선생님이 혐오하는 음식은 '원숭이 골' 요리예요. 중국에는 살아 있는 원숭이의 머리를 열어 뇌를 퍼먹는 요리가 있다고 해요. 너무 잔인해서 미운 마음까지 드는군요. 선생님이 질색하는 음식은 수르스트뢰밍이에요. 수르스트뢰밍은 스웨덴 전통 음식인데 세계에서 가장 악취가 많이 나는 음식이라고 해요. 청어를 두 달간 발효시켜 썩은 하수도 냄새가 난다고 하네요. 먹어 본 적은 없지만 절대 먹어 보고 싶지 않아요. 선생님이 싫어하는 음식은 묵이에요. 선생님은 씹는 맛을 좋아하는데 묵은 물컹물컹해서 좋아하지 않아요. 묵은 싫어하지만 먹을 수는 있어요. 반찬으로 나오면 가끔 먹기도 하고요. 싫어하고 질색하고 혐오하는 것의 차이가 느껴지나요? 여러분이 싫어하고 질색하고 혐오하는 음식에는 무엇이 있나요? 새로운 단어를 만나면 그것을 나와 연결해서 생각해 보세요.

나와 연결되면 훨씬 잘 기억나거든요.

> 공장 내부는 이리저리, 사방팔방으로 길이 나 있는 거대한
> 토끼 굴 같았다.
>
> _《찰리와 초콜릿 공장》 98쪽 중

나와 연결 짓기 어려운 단어도 있어요. 위에서 말하는 토끼 굴처럼 실제로 본 적이 없는 것들은 그렇죠. 이런 경우에는 그냥 상상으로 나와 연결되는 문장을 만들어 보면 된답니다. 예를 들어 이렇게요. "나는 길고 긴 토끼 굴을 뛰어다니며 재미있게 놀았다."

> 가축들이 밖으로 나갈 수 없는 겨울이면 헛간은 기분 좋게
> 따뜻했고, 산들바람이 들어오도록 커다란 문들을 활짝 열어
> 놓은 여름이면 기분 좋게 시원했다. 헛간 위층에는 마구간
> 과 젖소 외양간이 있고, 아래층에는 양우리와 윌버가 사는
> 돼지우리가 있었다.
>
> _《샬롯의 거미줄》 23쪽 중

여기 나오는 단어들을 한 번 살펴봐요. 동물들이 사는 공간이 많

이 나오는군요. 마구간, 외양간, 양우리, 돼지우리. 마구간과 외양간은 각각 말과 소가 사는 곳이에요. 양우리와 돼지우리는 각각 양과 돼지가 사는 곳이고요. 양우리, 돼지우리를 통해 '우리'가 짐승을 가두는 곳이라는 걸 추측할 수 있어요. 이처럼 하나의 단어는 두 개의 단어가 합쳐져서 만들어지는 경우가 많아요. 양과 우리를 더한 양우리, 돼지와 우리를 더한 돼지우리처럼요. 그러니 하나의 단어를 보면 쪼개 보세요. 또 하나 살펴볼게요.

> 웡카 씨가 복도를 따라 총총걸음으로 바쁘게 움직이자 자줏빛 연미복 꼬리가 바쁘게 펄럭거렸다. 방문객들도 서둘러 웡카 씨 뒤를 쫓았다.
>
> _《찰리와 초콜릿 공장》97쪽 중

웡카 씨는 서양식 남자 예복인 연미복을 입고 있습니다. 연미복은 제비 연, 꼬리 미, 옷 복으로 '제비 꼬리 옷'이라는 뜻입니다. 왜 연미복은 제비 꼬리 옷일까요? 연미복의 뒤쪽이 두 갈래로 나뉘어 길게 내려와 제비 꼬리를 연상시키기 때문입니다. 연미복에서 복은 옷을 뜻합니다. 단어의 맨 끝에 복이 붙어 옷을 뜻하는 단어를 한번 찾아보세요.

비는 목초지에서 풀을 뜯고 있는 양들의 등에도 떨어졌다. 빗속에 서 있는 게 싫증나자 양들은 오솔길을 따라 느릿느릿 우리로 들어갔다.

_《샬롯의 거미줄》37쪽 중

목초지는 가축이 뜯어 먹을 수 있는 풀이 있는 땅을 뜻합니다. 다음 방법을 참고하여 어휘를 좀 더 자세히 살펴보세요.

어휘를 비교 분석하는 방법
❶ 뜻이 비슷한 단어를 생각해 본다.
❷ 뜻이 반대인 단어를 생각해 본다.
❸ 단어를 나와 연결지어 문장으로 만들어 본다.
❹ 글자를 잘라서 뜻을 살펴본다.

＊120쪽에서 예시 답안을 확인할 수 있어요.

3.

이야기를 분석하라

분석이란 어떤 것을 작게 나누어 구체적으로 살펴보는 것을 말합니다. 우리가 과일을 봤을 때 과일임을 아는 것을 넘어 그것에 대해 자세하게 생각해 볼 수 있어요. 다음은 과일을 자세히 분석하게 하는 질문이에요.

☞ 식물은 왜 열매를 맺나요?

☞ 과일은 어떤 부위로 이루어져 있나요?

☞ 과일의 주된 영양 성분은 무엇인가요?

☞ 우리 몸에 가장 좋은 과일은 무엇인가요?

☞ 과일은 어떻게 분류할 수 있나요?

☞ 어떤 과일을 좋아하고 왜 좋아하나요?

이런 질문들은 과일을 매우 자세히 살펴보게 합니다. 열매가 맺히는 이유와 좋아하는 과일에 대해 이유를 알아보고 있어요. 과일을 분류하는 방법도 알아보고 가장 좋은 과일을 찾아보기도 합니다. 이게 바로 분석입니다. 어떤 사람은 '과일' 하면 그냥 과일의 모습을 떠올려요. 반면 어떤 사람은 과일에 대해 분석하지요. 분석하지 않는 사람에 비해 분석하는 사람은 많은 지식을 갖게 되고 더 현명한 사람이 될 수 있어요. 그러니 무언가를 보면 분석하려는 습관을 가져 보세요.

이야기를 읽을 때도 내용을 분석해 보세요. 일어난 사건을, 인물의 말과 행동을, 배경이 사건에 미친 영향을 좀 더 꼼꼼히 들여다보는 겁니다. 가장 대표적인 분석은 원인과 결과예요. 어떤 일이 있으면 '그런 일이 생기게 된 원인이 무엇일까?' 하고 물어보세요. 또 어떤 일이 있으면 '이로 인해 또 어떤 일이 생기게 될까?' 하고 물어보고요.

"러비가 오늘 아침에 돼지한테 밥을 주러 가 보니까 안개가 끼어서 그 거미줄이 눈에 뜨인 거야. 안개 속에서는 거미줄이 또렷이 보인다는 거. 당신도 알잖아. 그런데 그 거미줄 바로 한가운데에 '대단한 돼지'라는 글자가 쓰여 있었던 거야. 그 글자는 바로 거미줄에 짜여 있었어. 실제로 그 거미줄의 일부였다고, 여보. 내가 내려가서 봤기 때문에 알아. '대단한 돼지'라고, 너무나 또렷하게 쓰여 있었어. 틀림없는 사실이야. 여기 이 땅에, 그것도 바로 우리 농장에 기적이 일어났어. 계시가 나타난 거야. 우리 돼지는 보통이 넘는다고 말이야."

_《샬롯의 거미줄》115~116쪽 중

어느 날 아침 러비 씨는 헛간에 가서 놀라운 광경을 보게 됩니다. 거미줄에 '대단한 돼지'라는 글자가 쓰여 있었던 겁니다. 놀란 러비 씨는 주커만 씨를 부르고 두 사람은 너무 놀라 서로를 한참 동안 쳐다보기만 합니다. 주커만 씨는 부인에게 가서 이 사실을 털어놓습니다. 샬롯이 이런 글자를 쓴 데는 이유가 있습니다. 날로 살이 쪄 가는 윌버를 보고 늙은 양이 진실을 말해 줬거든요. 사람들이 너를 베이컨과 햄으로 만들기 위해 먹이를 충분히 주며 살을 찌우고 있는 거라고요. 이 사실을 알게 된 윌버는 너무나 큰 충격에 빠집니다. 이때 샬롯이 나섭니다. "죽지 않게 해 줄게." 샬롯은 윌버를 살리기 위해 그런 글자를 썼던 거예요. 어쨌든 샬롯의 메시지 덕분에 사람들은 윌버를 대단한 돼지라고 생각하게 되죠. 이 부분을 원인과 결과로 분석해 볼까요? 뒤의 결과부터 앞으로 가면서 원인을 하나씩 찾아볼게요.

☞ 사람들이 윌버를 대단한 돼지라고 생각했습니다.

☞ 왜냐하면 거미줄에 '대단한 돼지'라고 적혀 있었기 때문입니다.

☞ 거미줄에 '대단한 돼지'라고 적혀 있었던 이유는 샬롯이 썼기 때문입니다.

☞ 샬롯이 그렇게 쓴 이유는 윌버를 구하기 위해서입니다.

☞ 윌버를 구하려고 한 이유는 윌버가 죽을까 봐 두려움에 빠졌기 때문입니다.

☞ 윌버가 죽을까 봐 두려움에 빠진 이유는 사람들이 자신을 베이컨과 햄으로 만들리라는 걸 알게 되었기 때문입니다.

☞ 사람들이 자신을 베이컨과 햄으로 만들리라는 걸 알게 된 이유는 늙은 양이 말해 주었기 때문입니다.

☞ 늙은 양이 그렇게 말한 이유는 윌버가 날로 살이 쪄 가고 있었기 때

문입니다.

이야기는 이렇게 원인과 결과로 계속해서 이어져요. 하나의 사건은 다른 사건으로 인해 일어나는 결과이며 그 사건은 다음 사건의 원인이 되죠. 이렇게 사건과 사건이 원인과 결과, 즉 인과 관계로 줄줄이 이어지게 됩니다. 그러니 글을 읽을 때 항상 인과 관계를 생각하며 읽으세요.

그런데 여기서 좀 이상한 것이 하나 있습니다. 만약 여러분이 '대단한 돼지'라고 적힌 거미줄을 발견한다면 어떻게 생각해야 할까요? 돼지가 대단하다고 생각해야 할까요? 만약 거미줄에 '1+1=3'이라고 적혀 있으면 그 말을 믿어야 하나요? 그것보다는 어떻게 거미줄에 저런 글자가 적혔는지 궁금해 해야 하지 않을까요? 현명한 사람이라면 돼지가 대단한 게 아니라 거미가 대단하다고 생각해야겠지요. 하지만 사람들은 모두 돼지가 대단하다고 생각합니다. 오직 단 한 사람 주커만 부인만이 다른 생각을 가지고 있어요.

주커만 부인이 말했다.
"글쎄요. 내가 보기엔 당신이 좀 틀린 것 같네요. 우리 거미가 보통이 넘는 것 같은데요."

주커만 씨가 말했다.

"오, 아니야. 특별한 건 그 돼지라고. 바로 거기, 거미줄 한가운데에 그렇게 쓰여 있었어."

주커만 부인이 말했다.

"그럴지도 모르죠. 그래도 내 눈으로 그 거미를 한 번 봐야겠어요."

주커만 씨가 말했다.

"그건 그냥 평범한 회색 거미라고."

주커만 부부는 일어나서 함께 윌버가 사는 작은 마당으로 내려갔다.

"봤지. 여보? 저건 그냥 평범한 회색 거미라고."

_《샬롯의 거미줄》116쪽 중

이 장면이 우리에게 무엇을 알려 주고 있는지 분석해 볼까요? 당연히 거미가 대단하다고 생각해야 할 상황인데 모두들 돼지가 대단하다고 하고 있어요. 그들이 어떻게 보이나요? 어리석어 보이지요. 그런데 한두 명이 아니에요. 주커만 부인 한 명을 제외하면 모두들 돼지가 대단하다고 합니다.

"머리부터 발끝까지 눈부신 이 돼지를 주목해 보십시오! 거미줄에 '눈부신'이라는 글자가 선명하게 나타났던 그날을 기억해 주십시오. 어디에서 그 불가사의한 글자가 나왔을까요? 거미는 아닙니다. 우리는 그것만큼은 확신할 수 있습니다. 거미가 거미줄을 짜는 데는 재주가 있지만, 글을 쓰지는 못한다는 것은 두말할 필요도 없습니다."

_《샬롯의 거미줄》 221~222쪽 중

품평회장에서 진행자는 확성기에 대고 이렇게 소리칩니다. "머리부터 발끝까지 눈부신 이 돼지를 주목해 보십시오!" 이렇게 말한 근거는 거미줄에 '눈부신'이라고 적혀 있었기 때문입니다. 그리고 또 외칩니다. "어디에서 그 불가사의한 글자가 왔을까요? 거미는 아닙니다. 우리는 그것만큼은 확신할 수 있습니다." 거미가 썼는데 거미가 쓰지 않았다는군요. 도대체 무슨 근거로 그렇게 확신을 할까요?

작가는 사람들이 어리석다는 사실을 말하고 있어요. 많은 사람들이 눈에 보이는 것을 그냥 믿어 버리거든요. 스스로 생각하지 않고요. '대단한 돼지'라고 적혀 있으면 돼지가 대단하다고 생각해요. '눈부신 돼지'라고 적혀 있으면 돼지가 눈부시다고 생각하죠. 정말 돼지가 대단한지, 눈부신지 생각해 보지도 않고요. 그냥 적혀 있는

대로 믿을 뿐이죠. 조금만 더 깊게 생각해 보면 그 글을 쓴 거미가 대단한데 거기까지는 생각이 미치지 못해요.

이야기는 현실을 반영해요. 이야기는 현실에서 있음직한 일을 좀 과장해서 재미있게 표현하지요. 어른들이 아이를 사랑하지 않는 모습을 《마틸다》에서 웜우드 씨와 트런치불 교장을 통해 재미있게 표현한 것처럼요. 《샬롯의 거미줄》 속 거미줄 장면에서 작가는 눈에 보이는 것을 그대로 믿을 뿐 스스로 생각하지 못하는 모습을 우화적으로 비판하고 있어요. 뉴스에, 신문에, 책에 실린 내용이라면 그냥 믿어 버리죠. 중요한 건 스스로 생각하는 거예요. 뉴스, 신문, 책에는 진실도 있지만 때로는 거짓도 있어요. 이 둘을 구분할 수 있는 힘이 없으면 우리는 《샬롯의 거미줄》 속 사람들처럼 바보가 되는 거예요.

진실과 거짓을 구분하는 힘은 어떻게 기를 수 있을까요? 바로 분석하면서 독서해야 해요. 분석하며 독서를 하다 보면 참과 거짓을 구분하는 힘과 문해력이 쑥쑥 길러질 거예요. 문해력 독서법을 열심히 실천하면 더 현명한 어린이가 될 수 있어요.

"트런치불 교장은 무엇이든 추측해 내는 고약한 취미가 있거든. 누가 범인인지 모를 때는 머릿속에서 추측한다고. 문제는 교장의 추측이 자주 맞는다는 거야. 나는 유력한 용의자였지. '골든 시럽 사건' 때문에 말이야. 교장이 아무런 증거도 가지고 있지 않다는 걸 알고 있었지만. 내가 뭐라고 하든 상황은 달라질 게 없었어. 나는 계속 소리쳤지. '제가 어떻게 그런 짓을 해요. 트런치불 교장 선생님? 저는 교장 선생님이 학교에 속바지를 보관하고 있다는 것도 몰랐는데요! 저는 박피제가 뭔지도 모른다고요! 한 번도 들어 본 적 없어요!'라고 말이야. 하지만 내 대단한 연기에도 불구하고 거짓말은 먹혀들지 않았어. 교장은 그냥 내 한쪽 귀를 잡고는 곧장 질식 방으로 끌고 가서, 그 속에 나를 던져 놓고 문을 잠가 버렸어."

_《마틸다》141쪽 중

라벤더라는 아이는 아이들을 괴롭히는 트런치불 교장에게 복수합니다. 피부를 가렵게 만드는 박피제를 교장의 속바지에 잔뜩 뿌려 놓지요. 교장은 가려움으로 큰 고통을 겪었습니다. 그런데 라벤더는 금세 유력한 용의자로 지목됩니다. 이미 교장을 괴롭히는 사건을 일으켰던 경험이 있기 때문이지요. 라벤더는 교장에게 열심히 변명을 했지만 전혀 효과는 없었습니다. 교장은 오히려 라벤더가 범인임을 확신하게 되었지요. 왜 라벤더는 범인임이 들켜 버렸을까요? 다음을 참고하여 여러분의 힘으로 이야기를 분석해 보세요.

이야기를 분석하는 방법

❶ 어떤 사건의 원인을 찾는다.

❷ 어떤 사건의 결과를 찾는다.

❸ 원인과 결과를 연결해서 말해 본다.

❹ 어떤 사건에서 사실을 찾는다.

❺ 그 사실에 대한 의견을 찾는다.

❻ 의견이 적당한지 생각한다.

＊120쪽에서 예시 답안을 확인할 수 있어요.

《샬롯의 거미줄》

E.B. 화이트 글 | 가스 윌리엄즈 그림
김화곤 옮김 | 시공주니어 | 2018

《샬롯의 거미줄》은 영화로도 만들어져 많은 사랑을 받은 이야기입니다. 너무 작고 약하게 태어나 죽을 위기에 처한 아기 돼지 윌버. 윌버는 마음이 착한 소녀 펀의 도움으로 살아나게 됩니다. 하지만 겨울이 되면 또 다시 햄과 베이컨이 될 위기에 처합니다. 이번에는 거미 샬롯이 윌버를 돕겠다고 나섭니다. 과연 윌버는 이번 위기도 잘 넘길 수 있을까요?

《갈매기의 꿈》
리처드 바크 지음 | 공경희 옮김
나무옆의자 | 2018

미국 소설가 리처드 바크가 1970년에 발표한 작품입니다. 조나단 리빙스턴은 꿈을 꾸는 무언가 특별한 갈매기입니다. 다른 갈매기들이 먹고 자는 것에만 관심이 있는 것과 달리 조나단은 더 잘 나는 것에 관심이 있었지요. 하지만 남들과는 다르다는 이유로 조나단은 무리에서 추방당하게 됩니다. 이런 상황에서 조나단은 자신의 꿈을 향해 더 나아갈 수 있을까요?

《비밀의 화원》
프랜시스 호즈슨 버넷 글
타샤 튜더 그림 | 공경희 옮김
시공주니어 | 2019

미국 소설가 프랜시스 호즈슨 버넷이 1910년에 발표한 작품입니다. 부모님이 전염병으로 죽자 메리 레녹스는 고모부의 집에서 살게 됩니다. 메리는 방이 100칸도 넘는 고모부의 집에서 비밀의 화원과 사촌 콜린을 발견하게 됩니다. 메리와 콜린은 힘을 합쳐 죽어 가던 비밀의 화원을 가꾸어 나가게 되지요. 부모의 무관심 속에 병약하고 제멋대로 자란 두 아이는 화원을 가꾸며 어떤 변화를 맞이하게 될까요?

1부

1. 사건을 파악하라

가장 중요하고 뒤에 일어날 일에 큰 영향을 주는 사건은 아빠의 '보랏빛 헤어 토닉'에 엄마의 '초강력 백금색 머리 염색약'을 채워 넣은 것입니다. 아빠의 머리색이 백금색으로 완전히 변해 버릴 것이니까요.

2. 어휘를 짐작하라

윌버는 사람들이 자신을 햄과 베이컨으로 만들 거라는 말을 듣고 충격에 빠졌습니다. 이런 윌버에게 샬롯은 자신을 추스르라고 하지요. 잠을 푹 자고 걱정을 하지 말고 음식도 잘 먹으라고 합니다. 따라서 자신을 추스르라는 말은 불편한 마음을 잘 정리하여 몸과 마음이 건강한 상태로 있으라는 의미입니다. '추스르도록' 대신에 '다독이도록' '격려하도록' 등의 단어를 넣을 수 있겠습니다.

3. 내 삶에 적용하라

마트나 홈쇼핑에서는 물건을 9,000원 혹은 900원 아니면 90원으로 끝내는 경우가 많아요. 10,000원이라고 하는 것보다 9,990원이라고 하면 10원밖에 안 싸지만 훨씬 싸게 느껴지거든요. 그래서 이런 가격을 봤을 때 우리는 단위를 올려 9,990원이라고 생각하지 말고 10,000원이라고 생각해야겠습니다.

4. 플롯을 파악하라

《찰리와 초콜릿 공장》의 플롯

결말: 사고를 당한 아이들은 조금씩 변해서 집으로 돌아갔습니다. 그리고 웡카 씨는 초콜릿 공장을 통째로 찰리에게 선물하기로 하였습니다. .

절정: 공장에 방문한 다섯 명의 아이 중 찰리를 제외한 네 명은 모두 나쁜 행동을 하다 한 명씩 차례대로 사고를 당합니다.

전개: 전 세계 사람들이 황금빛 초대장을 찾으려고 기를 쓰고 덤벼듭니다. 그

런 와중에 찰리도 운 좋게 황금빛 초대장을 발견하게 됩니다.

발단: 찰리는 매우 가난하지만 부모님을 배려하는 착한 아이입니다. 윙카 씨가 자신의 초콜릿 공장을 견학할 수 있는 황금빛 초대장 5장을 초콜릿 안에 숨겨 두었습니다.

2부

1. 인물을 이해하라

웜우드 씨의 웜은 아마 벌레를 뜻하는 웜worm일 거예요. 따뜻함의 웜warm은 당연히 아니겠지요. 거짓말을 일삼고 마틸다를 괴롭히는 매우 나쁜 사람이 어떻게 따뜻하겠어요? 이런 사람을 우리는 차갑다고 하지요. 웜우드 씨는 나무를 파먹는 벌레처럼 다른 사람에게 피해를 입혀서 이익을 보는 벌레 같은 사람이네요.

2. 표현을 이해하라

찰리는 초콜릿을 순금 금괴 다루듯 애지중지한다고 했어요. 순금은 다른 금속이 섞이지 않은 순수한 금이에요. 그리고 금괴는 황금으로 만든 길쭉한 과자 상자 모양의 금덩어리입니다. 순금으로 만든 금덩이라니 얼마나 비쌀까요? 그만큼 찰리가 초콜릿을 소중하게 여겼다는 뜻입니다.

3. 마음껏 상상하라

마틸다는 눈의 힘으로 작은 물건을 움직일 수 있어요. 그리고 트런치불 교장과 만나는 곳은 학교입니다. 학교에 있는 작은 물건은 무엇일까요? 그리고 트런치불은 하니 선생님의 아빠를 죽게 만들었죠. 이런 상황을 이용하면 좋겠네요. 저라면 교실에 있는 분필을 움직여 죽은 하니 선생님의 아빠인 것처럼 칠판에 글을 쓸 것 같아요.

119

4. 주제를 발견하라

마틸다에서 반복되는 사건은 어른들이 아이를 존중하지 않고 괴롭히는 것이에요. 마틸다의 아빠 웜우드 씨도 트런치불 교장도 똑같죠. 하지만 마틸다는 당당하게 이를 이겨내요. 이를 통해 마틸다의 주제는 어른들이 아이들을 더 존중할 필요가 있다는 것, 그리고 어려움이 있어도 당당하고 슬기롭게 헤쳐 나갈 수 있다는 것으로 볼 수 있어요.

3부

1. 배경을 이해하라

초콜릿 공장의 신제품 개발실은 매우 복잡하고 정신이 없군요. 무쇠 냄비는 거품을 내며 끓고 있고, 주전자는 김을 내뿜지요. 냄비에서도 무언가 타고 있고 무쇠 기계는 철커덩철커덩 소리를 내며 돌아갑니다. 파이프도 어지럽게 연결되고 연기와 수증기도 가득합니다. 이런 장면 묘사는 초콜릿 공장이 얼마나 신기하고 볼거리가 많으며 알 수 없는 공간인지를 나타내지요.

2. 어휘를 비교 분석하라

목초지에서는 무슨 일이 벌어지고 있나요? 양들이 풀을 뜯고 있네요. 목초지는 동물들이 풀을 뜯어 배를 채울 수 있는 땅입니다. 비슷한 말로는 초원, 풀밭이 있겠네요. 목초지, 초원, 풀밭 모두 풀이 있다는 공통점이 있지만 목초지는 특별히 가축들이 풀을 뜯는 곳이라는 차이가 있네요. 목초지는 칠 목, 풀 초, 땅 지입니다. 동물을 칠 수 있는 풀이 있는 땅이라는 뜻이지요.

3. 이야기를 분석하라

라벤다가 범인임이 들킨 것은 결과입니다. 그럼 원인을 찾아봐야겠지요? 원인은 라벤다가 교장에게 한 말입니다. 자신은 교장 선생님이 학교에 속바지를 보관하는지는 몰랐으며 박피제가 무엇인지 모른다고 말했는데요. 이 말 때문에 오히려 자신이 범인임을 드러내고 말았습니다. 범인이 아니라면 어떤 일이 어떻게 벌어졌는지도 모를 텐데 저렇게 말할 수 있는 것 자체가 그 일에 대해 잘 알고 있다는 걸 드러내기 때문이지요.

120